Dieter Scherer

Ayurveda leicht anwendbar

pickup

Dieter Scherer

Ayurveda leicht anwendbar

Die Inhalte des Buches wurden vom Verfasser nach bestem Wissen erstellt und mit größtmöglicher Sorgfalt geprüft. Sie bieten jedoch keinen Ersatz für eine kompetente medizinische Beratung. Weder Autor noch Verlag können für eventuelle Nachteile oder Schäden, die aus den im Buch gegebenen Hinweisen resultieren, eine Haftung übernehmen.

Bibliografische Information *Die Deutsche Bibliothek*
Die Deutsche Bibliothek verzeichnet diese Publikation in der Deutschen Nationalbibliografie; detaillierte bibliografische Daten sind im Internet unter http://dnb.ddb.de abrufbar.

Textredaktion: Beatrice Braken-Gülke
Umschlaggestaltung: Zero Werbeagentur, unter Verwendung eines Motivs von FinePic, München
Produktion: Ortrud Müller
Satz: EDV-Fotosatz Huber/Verlagsservice G. Pfeifer, Germering
Druck und Bindung: Alcione,Trento
Printed in Italy

ISBN 3-7205-2679-8

Inhalt

I. Die Lebensprinzipien des Ayurveda

Im Ayurveda geht man grundsätzlich davon aus, dass der Makrokosmos, also die Welt um uns herum, und der Mikrokosmos, also der menschliche Körper, identische Welten sind, die nach denselben Prinzipien funktionieren. Diese Prinzipien zu kennen und nach ihnen zu leben eröffnet uns die Möglichkeit, unser Wohlbefinden und unsere Gesundheit zu beeinflussen. Und während die moderne Medizin die Grundlage des Lebens unter rein wissenschaftlichen Gesichtspunkten sieht und sie etwa aus dem Zusammenspiel von Genen heraus versteht, geht man im Ayurveda davon aus, dass es darüber hinaus Lebensprinzipien gibt, die dieses Zusammenspiel überhaupt erst gestalten und es dadurch beeinflussbar machen.

Die Definition des Lebens

Im Ayurveda spricht man dann von Leben, wenn vier Bedingungen zusammentreffen:

- Körper (Sharir)
- fünf Sinnesorgane (Indriyas)
- Geist/Psyche (Sattva)
- Seele (Atman)

Interessanterweise werden Geist und Psyche als nicht getrennt aufgefasst. Alle psychischen Reaktionen, Sehnsüchte, Leidenschaften, Emotionen und Neigungen werden nicht der Seele zugeordnet, sondern entstehen aus dem Bereich des Geistes, also aus dem Gehirn. Die Seele (Purusha oder Atman) ist etwas Göttliches und von der Substanz her nicht veränderbar; sie hat ihren Sitz im Herzen und wirkt von dort zusammen mit der feinstofflichen Substanz, der Ojas, im ganzen Menschen.

Ojas bedeutet im Sanskrit »Lebenssaft« oder »Lebenskraft«. Es reguliert alle Lebensvorgänge im Organismus und ist für die Abwehrkraft des Menschen verantwortlich. Wenn sich Ojas im Organismus reduziert, kann sich diese Leben spendende und erhaltende Kraft nicht mehr richtig entfalten. Dies passiert zum Beispiel bei schweren Krankheiten, durch eine falsche Lebens- und Ernährungsweise, die Einnahme von Drogen oder durch länger anhaltende seelische Zustände wie Stress, Kummer, Sorgen und Depressionen. Atman kann dadurch nicht beeinträchtigt, wohl aber an seiner Entfaltung gehindert werden.

Panchamahabhutas – die fünf Bausteine des Lebens

Unser Körper – der Mikrokosmos – ist Teil der Natur, des Makrokosmos. So wie das ganze Universum ist auch der Körper aus fünf Elementen, der Basis allen materiellen Lebens, aufgebaut. Aber jedes Lebewesen existiert auch in einer eigenen Mischung dieser fünf Elemente:

Erde • Wasser • Feuer • Luft • Raum

Je nachdem wie sich die fünf Elemente miteinander mischen, entsteht daraus ein Mensch, eine Pflanze oder ein Stein.

Nun mag es auf den ersten Blick etwas schwierig nachvollziehbar sein, dass wir aus Luft oder Feuer bestehen. Beispielsweise würde uns das Element Feuer augenblicklich zerstören, wenn es sich in unserem Körper frei bewegen würde.

So bezeichnen die fünf Elemente Erde, Wasser, Feuer, Luft und Raum im Ayurveda also nicht nur die stofflichen Grundlagen des Lebens, sondern zugleich ihre feinstofflichen Eigenschaften, die im menschlichen Körper zum Ausdruck kommen. Wenn Sie sich die fünf Elemente ansehen, können Sie ihre Eigenschaften und Wirkungen mit Ihren fünf Sinnesorganen sehr leicht selbst herleiten.

Wie fühlt sich ein Sack voll Erde an, verglichen mit einem Sack voll Luft? Erde ist schwer, Luft ist leicht, also wird der Sack mit Erde deutlich schwerer sein. Wie fühlt sich Wasser an? Feucht und kühl. Oder Luft: Kalt und trocken. Feuchte und warme Luft hingegen entsteht erst

Zwei Drittel der Erde bestehen aus Wasser, genauso wie der Mensch. Wir atmen den Sauerstoff, den uns die Pflanzen zur Verfügung stellen, und wir ernähren uns von all dem, was die Natur hervorbringt. Somit nehmen wir jeden Tag aufs Neue ein Stückchen unseres Planeten in uns auf und geben ihm im Austausch dafür einen Teil von uns zurück.

dann, wenn sie sich mit dem Element Wasser und der Energie von Hitze und Sonne mischt.

An bestimmten Stellen im Körper sind diese Prinzipien ganz deutlich vertreten und ebenso können alle Sinnesorgane einem speziellen Element zugeordnet werden.

Erde (Prithvi) – Halt und Stabilität

Im Menschen finden wir das Erdelement besonders in Körpergeweben, die für Kraft und Stabilität sorgen müssen, beispielsweise in den Knochen und Muskeln, wieder. Über unser Sinnesorgan Nase nehmen wir das Erdelement am intensivsten wahr, da der Geruchssinn von ihm gesteuert wird.

Aber auch auf geistiger Ebene wirkt sich das Erdelement in unserem Körper aus. Ist beispielsweise der Erdanteil in uns zu hoch, sind körperliche und geistige Schwere die Folge. Der Mensch wird unflexibel, starr und unbeweglich. Bei zu wenig Erdanteil dagegen verlieren wir unseren Halt, werden zerbrechlich und instabil. Die Erdung fehlt.

Erde (Prithvi)

Eigenschaften	Sinnesorgane	Gewebe
schwer	Nase	Muskeln
stabil	Geruch	Knochen
fest		
trocken		
kalt		
unbeweglich		

Wasser (Jala) – Aufbau und Regeneration

Das Wasserelement findet sich in unserem Körper besonders in den Muskeln, im Fettgewebe, im Knochenmark und in allen Säften wieder. Das Wasser des Lebens ist das Symbol für den Ursprung aller Schöpfung. Wasser nährt, erfrischt und regeneriert. Alle Nährsubstanzen des Körpers werden in Wasser gelöst und können nur in dieser Form vom Organismus aufgenommen werden. Die Zunge ist das Sinnesorgan, das vom Wasserelement kontrolliert wird. Sie können nur mit einer feuchten Zunge schmecken, mit einer trockenen dagegen können Sie keinen Geschmack wahrnehmen. Zu viel Wasserelement im Körper führt zu einem phlegmatischen Zustand. Schwere, Feuchtigkeit und Weichheit nehmen zu, aus denen sich Verschleimungen und Gewichtserhöhung entwickeln. Zu wenig Wasserelement dagegen bewirkt die Austrocknung aller Körpersäfte, was Schwäche, vorzeitige Alterung, Instabilität und Unruhe fördert.

Wasser (Jala)

Eigenschaften	Sinnesorgane	Gewebe
feucht	Zunge	Fettgewebe
kalt	Geschmack	Knochenmark
schwer		Säfte
weich		
ölig		
nährend		
beruhigend		

Feuer (Agni) – Aktivität und Wärme

Feuer ist der große Katalysator für alle Lebensvorgänge. Ohne das Feuerelement könnte unser Stoffwechsel keine Nährstoffe und keine neuen Körperzellen produzieren. Das kosmologische Symbol für das Feuerelement ist die Sonne. Die Sonne ist die Kraft, die alle Lebensvorgänge in der Natur aktiviert und beschleunigt. Nur durch sie kann sich Leben entwickeln und verändern. In unserem Körper finden wir das Feuerelement besonders dort wieder, wo Aktivität, Umwandlung und Wärme entsteht wie im Verdauungstrakt, den Enzymen, der Leber und dem Blut. Das Sinnesorgan, das vom Feuerelement gesteuert wird, ist das Auge. Zu viel Feuerelement im Organismus führt zu Hitzigkeit und übergroßer Aktivität, mangelndes Feuer dagegen zu Frieren, verlangsamtem Stoffwechsel und Inaktivität.

Feuer (Agni)

Eigenschaften	Sinnesorgane	Gewebe
heiß	Auge	Magen/Darm
leicht	Sehsinn	Leber
scharf		Blut
schneidend		
farbig		
umwandelnd		
zerstörend		

Luft (Vayu) – Bewegung und Instabilität

Luft ist bereits ein sehr feinstoffliches, subtiles Element. Wir können es nicht mehr sehen oder schmecken, sondern nur fühlen. Der Tastsinn wird daher vom Luftelement gesteuert. Luft ist das einzige Element, das sich bewegen kann und alle anderen Elemente bewegt. Alle Bewegungen im Körper unterliegen seiner Kontrolle. Darunter fallen die großen motorischen Bewegungen wie die der Muskeln, der Gefäße, des Herzens, der Lunge, des Zwerchfells und des Magen-Darm-Traktes, aber auch die winzigen Austauschbewegungen an jeder Zellmembran, der Nervenbahnen und somit auch die Denkbewegungen unseres Gehirns. Luft ist sehr fein, aber auch sehr instabil und wechselhaft. Zu viel Luftelement im Körper führt zu einem unruhigen, nervösen Menschen, der immer in Bewegung und daher körperlich wie geistig wenig ausdauernd ist. Zu wenig Luftelement dagegen führt zu Inaktivität, Starrheit und Debilität.

Luft (Vayu)

Eigenschaften	Sinnesorgane	Gewebe
leicht	Haut	Nerven
trocken	Tastsinn	Gehirn
kalt		Rückenmark
beweglich		Dickdarm
instabil		
unruhig		

Raum (Akasha) – Weite und Leere

Raum oder auch Äther ist das subtilste aller Elemente. Wir nehmen es am stärksten mit dem Gehör wahr, das von diesem Element kontrolliert wird. Raum ist die Grundlage allen Lebens. Erst mit der Trennung von Himmel und Erde konnte die Schöpfung beginnen. Raum durchzieht unser gesamtes Universum und ist so allgegenwärtig in und um uns herum, dass wir es kaum wahrnehmen. Dabei besteht jede Materie vorwiegend aus Raum. Das Atom, Grundeinheit aller Substanzen, ist in Wirklichkeit nichts anderes als ein leerer Raum mit einem winzigen Atomkern und um ihn herumkreisenden Elektronen. Auch mit dem bloßen Auge sichtbar, kann man viele weitere Hohlräume im menschlichen Körper wahrnehmen. Beispielsweise der Nasen- und Rachenbereich, der Brustkorb, die Lungen, die Gefäße, der Darm und die Knochen. Wenn der Raumanteil überhand nimmt, fehlt es dem Menschen an Substanz und Kraft. Er wird porös und zerbrechlich, aber gleichzeitig wird er ätherisch und empfindlich. Zu wenig

Raum (Akasha)

Eigenschaften	Sinnesorgane	Gewebe
leicht	Ohr	Knochen
weit	Gehör	Gefäße
leer		Brustkorb
durchdringend		Nase/Rachen
dunkel		
subtil		

Raum bewirkt dagegen Schwere und Unflexibilität sowie auf der geistigen Ebene fehlende Weite und Abgrenzung.

Im Laufe des Lebens bleiben die fünf Elemente immer in einem bestimmten Gleichgewicht im Körper erhalten. Durch die Aktivitäten werden sie zwar ständig verbraucht, aber durch Essen, Trinken, Atmen und Tätigkeiten wie Schlafen oder Bewegen werden die Panchamahabhutas im Körper wieder aufgebaut und so im Gleichgewicht gehalten. Geraten durch falsche Ernährung und Lebensweise die fünf Elemente aus der Balance, entstehen körperliche Störungen und Krankheiten. Wenn Sie sich mit den Grundsätzen des Ayurveda vertraut machen, so haben Sie einen einfachen und effektiven Weg gefunden, das natürliche Gleichgewicht der fünf Elemente zu unterstützen beziehungsweise wiederherzustellen und für Ihr persönliches Wohlbefinden zu nutzen.

Dravyaguna – die Wirkung von Substanzen auf unsere körperlichen und geistigen Energien

Alle Dinge, die täglich auf uns einwirken wie das Klima, Nahrungsmittel und sportliche oder mentale Betätigungen, beeinflussen unsere körperlichen und geistigen Energien. Je nachdem wie wir leben, tragen sie zu unserer Gesundheit bei oder führen zu einem inneren Ungleichgewicht. Diese und auch alle natürlichen Kräfte wie Sonne, Wind, Mond und Zeit werden im Ayurveda nach Eigenschaften (Gunas) und Wirkungen (Karmas) eingeteilt.

Gunas und Karmas haben eine nicht unerhebliche Macht auf unseren Körper und unser Wohlbefinden. Je nachdem welchen Einflüssen wir uns aussetzen, nehmen wir ihre Wirkung auf und reichern sie in uns an. Durch die richtige Lebensweise, eine typgerechte Ernährung gemäß den Tages- und Jahreszeiten, durch Bewegung und die richtige Körperpflege können wir uns darum bemühen, einseitige Einflüsse auszugleichen, damit keine Unordnung in unserem Körper entsteht und wir unser Gleichgewicht aufrechterhalten. Der Tee etwa, den wir trinken, kann heiß oder kalt sein. Das Wetter heute kann stabil oder beweglich (wechselhaft) sein. Ihr Kopf kann sich schwer oder leicht anfühlen, je nachdem welche Faktoren auf Sie einwirken. Wenn es draußen kalt und feucht ist, steigen auch die feuchtkalten Qualitäten in Ihrem Körper an. Die Gefahr, eine Erkältung zu bekommen, nimmt dadurch zu. Wenn Sie dann noch zusätzlich ein Eis (kalt und feucht) essen und danach ein Glas kalte Milch trinken, überladen Sie Ihren Körper mit feuchtkalten Eigenschaften. Um einen Ausgleich zu schaffen, sollten Sie Ihren Körper daher wärmenden Einflüssen aussetzen, sodass die kalten Einflüsse nicht überhand nehmen und das Gleichgewicht des Körpers stören können – etwa in Form eines Schnupfens oder einer Bronchitis. Auch der Geist wird als eine Substanz mit Eigenschaften und Wirkungen betrachtet. Negative Emotionen und ein instabiles Denken wirken sich ungünstig auf Körper und Stoffwechsel aus. Das Wissen über die richtige Lebensweise ist daher ein wichtiger Pfeiler in der ayurvedischen Gesundheitsvorsorge.

Indem Sie die einseitige Anhäufung ähnlicher Gunas vermeiden und zugleich einen Ausgleich zwischen gegensätzlichen schaffen, unterstützen Sie die innere Harmonie und Gesundheit Ihres Organismus.

Die 20 Gunas

Gunas	Vorherrschende Elemente	Wirkung auf Körper und Geist	Beispiele
Schwer (Guru)	Erde und Wasser	Macht müde, stärkend, gewichtserhöhend, verdauungshemmend	Ölige, kalte, süße Nahrung, viel Schlaf, wenig Sport und Bewegung, feuchtkaltes Klima
Leicht (Laghu)	Feuer, Luft und Raum	Macht wach, unruhig, gewichtsreduzierend, verdauungsfördernd	Trockene, warme, scharfe und bittere Nahrung, wenig Schlaf, viel Sport und Bewegung, trockenes und windiges Klima
Ölig (Snigdha)	Wasser	Ölt die Körpergewebe, beugt Trockenheit vor, kräftigend, beruhigend, verjüngend, wirksam gegen körperlichen Verschleiß	Milchprodukte, süße Nahrung, Fleisch, Öle, Nüsse und feuchtes Klima
Trocken (Ruksa)	Erde, Feuer und Luft	Trocknet die Körpergewebe, baut Gewebe ab, gewichtsreduzierend, macht unruhig, verdauungsfördernd fördert die Alterung	Rohkost, Toastbrot, bittere und scharfe Nahrung, windiges Klima, Herbst und Nachmittag

Gunas	Vorherr-schende Elemente	Wirkung auf Körper und Geist	Beispiele
Kalt (Sita)	Wasser	Aufbauend, beruhigend bei akuten Entzündungen, lindert brennende Beschwerden, verdauungshemmend	Rohkost, kalte, bittere, zusammenziehende und süße Nahrung, windiges und kaltes Klima, Winter, morgens und abends
Heiß (Usna)	Feuer	Erhöht die Durchblutung, lindert chronische Schmerzen (außer brennende), sehr verdauungsfördernd	Heiße, saure, salzige und scharfe Nahrung, Alkohol, Sonne, Hitze, Sommer und mittags
Langsam, stumpf (Manda)	Erde und Wasser	Schafft Trägheit, Entspannung, Erschlaffung, Stumpfheit, lindert Schmerzen und Entzündungen	Milchprodukte, Bananen, Pudding
Schnell, spitz, irritierend (Tiksna)	Feuer	Baut Gewebe ab, gewichtsreduzierend, verdauungsfördernd, löst Blockaden und Ablagerungen, macht unruhig und nervös	Alter Honig, alter Käse, Knoblauch, Chili, säurehaltige Nahrung

Die ersten acht Gunas sind die wichtigsten und spielen die größte Rolle bei der Beurteilung von Substanzen. Daher konzentrieren sich die Beispiele nur auf sie; es werden aber auch nachfolgend die zwölf weiteren Gunas genannt.

Stabil, unbeweglich (Sthira)	Erde	Zäh, viskös (Sandra)	Erde
Beweglich, instabil (Sara)	Luft und Wasser	Flüssig (Drava)	Wasser
Fest, hart (Kathina)	Erde	Grob, klumpig (Sthula)	Erde
Weich (Mrudu)	Wasser und Raum	Fein (Sookshma)	Feuer, Luft und Raum
Zart, geschmeidig (Slaksna)	Erde und Wasser	Trüb, schleimig (Picchila)	Wasser
Rauh (Khara)	Luft	Klar (Visada)	Erde, Feuer, Luft und Raum

Ayurvedische Prinzipien für ein gesundes Leben

Das Prinzip der Ähnlichkeit
Ähnliches wird durch Ähnliches vermehrt.

Das Prinzip der Gegensätzlichkeit
Gegensätzliches vermindert sich gegenseitig.

Diese beiden Prinzipien, die jeder aus eigener Erfahrung kennt, sind der Schlüssel für ein gesundes Leben. Gesundheit ist das Gleichgewicht der Kräfte im Körper, und dieses Gleichgewicht erhalten Sie aufrecht, indem Sie Kälte mit Wärme, Trockenheit mit Feuchtigkeit und Trägheit mit Bewegung ausgleichen. Wenn man etwa friert und gleichzeitig ein Eis isst, wird man noch mehr frieren. Ein warmes Getränk hingegen wird die Kälte im Körper vermindern und bewahrt den Körper vor einem Ungleichgewicht, das in der Folge zu Krankheit führen kann.

Akzeptieren Sie den Rhythmus der Natur!

Die Natur unterliegt verschiedenen Rhythmen. Die Planetenbahnen, die Jahreszeiten, das Klima, der Sonnen- und Mondzyklus, die biologischen Aktivitäten aller Lebewesen – alles läuft in bestimmten Rhythmen ab, die sich fortlaufend wiederholen. Die Sonne geht morgens im Osten auf und abends im Westen unter. Alle biologischen Vorgänge auf der Erde sind daran ausgerichtet und auch unser natürlicher Tagesablauf sollte mit dem Sonnenaufgang beginnen und mit dem Sonnenuntergang enden und nicht umgekehrt.

Der Herzschlag, der Atemzyklus, die Verdauungstätigkeit und selbst die Funktionsweise unserer Organe unterliegen einem eigenen Rhythmus. Zu gewissen Zeiten sind Teile des Körpers aktiv, andere dagegen eher inaktiv.

Dieser so genannte biologische Rhythmus spielt für unsere Gesundheit eine äußerst wichtige Rolle. Ein Hamburger um Mitternacht wird Ihren Körper dazu zwingen, den gesamten Verdauungsprozess wieder in Gang zu setzen, obwohl er sich eigentlich zu dieser Zeit mit ganz anderen Tätigkeiten beschäftigen muss. Wenn Sie sich regelmäßig morgens um zehn Uhr noch im Bett befinden, anstatt aktiv zu sein, handeln Sie Ihrem natürlichen Rhythmus genauso zuwider, wie wenn Sie zu spät ins Bett gehen oder zu wenig schlafen. Solche unliebsamen Störungen bringen mit der Zeit viel Unruhe in den gesamten Ablauf des Körpers. Unser Wohlbefinden ist unmittelbar davon abhängig, ob wir in unserem Alltag unserem natürlichen Rhythmus folgen oder nicht. Dabei ist zu unterscheiden zwischen universalen Rhythmen, die für alle Menschen bindend sind – unabhängig von Alter oder Typ –, und den persönlichen Rhythmen, die für die individuelle Konstitution eines Menschen ganz verschieden sein können. Wir können uns der Kraft dieser natürlichen Rhythmen nicht entziehen; und wenn wir es doch versuchen, leben wir gegen unsere Natur. Nur indem wir die Rhythmen der Natur respektieren, bringen wir uns wieder in Einklang mit der Ordnung von Kosmos und Natur.

II. Die Körperenergien Vata, Pitta und Kapha

Da der Mensch Teil der Natur ist, finden alle Naturkräfte außerhalb des Menschen ihre Entsprechung auch in ihm. Im Ayurveda werden drei grundlegende Naturkräfte beschrieben: Wasser, Feuer und Wind.

Wasser	Feuer	Wind
Ursprung des Lebens nährend, aufbauend	Entwicklung des Lebens umwandelnd, zerstörend	Funke des Lebens bewegend, verändernd
Das nährende Prinzip	Das wandelnde Prinzip	Das belebende Prinzip

Die drei Naturkräfte Wasser, Feuer und Wind, die in der Natur zu beobachten sind, entsprechen drei Kräften, die in unserem Körper wirken: Kapha, Pitta und Vata.

- Kapha, die wässrige Kraft, bewirkt den Zellaufbau und die Regenerierung.
- Pitta, die feurige Kraft, ermöglicht die Wandlung von Nahrung in Energie und reguliert den Stoffwechsel.
- Vata, die Kraft des Windes, bewegt und motiviert alle Teile des Körpers und hält ihn dadurch lebendig.

Jede Substanz, jedes Lebewesen besteht, wie wir im vorherigen Kapitel sahen, aus den fünf Elementen Erde,

Wasser, Feuer, Luft und Raum. Die Elemente sind die materielle Basis allen Lebens. Damit ein Lebewesen jedoch lebendig wird, braucht es eine sich selbst regulierende, intelligente Lebenskraft.

Kapha, Pitta und Vata sind die energetischen Träger dieser Lebenskraft, die drei Grundkräfte des Lebens, die sich aus den fünf Elementen heraus manifestieren:

- Aus den Elementen Wasser und Erde manifestiert sich Kapha,
- aus dem Element Feuer entsteht Pitta (mit einem geringen, feuermildernden Anteil des Elements Wasser) und
- aus den Elementen Luft und Raum bildet sich Vata.

Kosmologisches Prinzip	**Elemente**	**Lebenskraft**	**Eingenschaft**	**Funktion**
Schöpfung	Wasser Erde	Kapha	Schwer, fest Feucht, kalt Langsam, träge	Aufbauen Kühlen Verbinden
Umwandlung	Feuer (etwas Wasser)	Pitta	Leicht Ölig, heiß Scharf, intensiv	Verdauen Wärmen Umwandeln
Bewegung	Luft Raum	Vata	Sehr leicht, kalt Trocken, instabil Beweglich	Bewegen Transportieren Ausscheiden

Die Bedeutung von Kapha, Pitta und Vata für Gesundheit und Krankheit

Obwohl Kapha, Pitta und Vata die Grundbausteine des Lebens darstellen, sind sie andererseits auch für Krankheit und mangelndes Wohlbefinden verantwortlich. Es ist ein und dieselbe Kraft, die darüber entscheidet, ob Zellwachstum lebensnotwendig oder zerstörerisch ist. Ausschlaggebend dafür sind die verschiedenen Stadien, in denen diese Kräfte im Körper wirken können – und die man in die eine oder andere Richtung auch beeinflussen kann. Kapha, Pitta und Vata kommen im Körper in drei verschiedenen Zuständen vor:

- Als stabile, lebenserhaltende Kraft (Tri-Dhatus)
- Als instabile Kraft, die für die Entstehung von Krankheiten verantwortlich ist (Tri-Doshas)
- Als Abfallprodukt beziehungsweise vergiftende Kraft (Tri-Malas)

Bei jedem Menschen besteht von Geburt an ein natürliches, individuelles Gleichgewicht von Kapha, Pitta und Vata. Ein Ansteigen oder Absinken eines der drei Grundkräfte führt zu Störungen und Krankheiten.

Tri-Dhatus – die stabile lebenserhaltende Kraft

Die drei Lebenskräfte Kapha, Pitta und Vata bestimmen Ihre persönliche, individuelle Konstitution. Wie Ihr Körper von der Grundstatur her aussieht, welche Augenfarbe Sie haben, welche charakterlichen Eigenheiten, Stärken und Schwächen Ihnen mitgegeben wurden, wird mit Ihrer Konstitution für das ganze Leben festgelegt. Dabei ist jedes der Tri-Dhatus für bestimmte Grundgewebe des Körpers und bestimmte körperliche und mentale Funktionen verantwortlich.

Vata-Dhatu: Der Impuls des Lebens

Körpergewebe	Körperliche Funktion	Mentale Funktion
• Nervensystem • Gehirn, Rückenmark • Sinnesorgane • Haut • Knochen	• Transport aller Stoffe im Körper • Nervensteuerung • Steuerung von Gehirn und Rückenmark • Regulierung des Blutkreislaufs • Lebensfunke	• Motivation, Enthusiasmus, Inspiration, Lebensfreude

Pitta-Dhatu: Der Transformator des Lebens

Körpergewebe	Körperliche Funktion	Mentale Funktion
• Verdauungstrakt • Blut	• Verdauungstätigkeit, Wärmehaushalt	• Leidenschaft, Sehnsucht

• Hormon- und Drüsensystem	• Bildung von Enzymen, Hormonen und dem roten Blutanteil • Verdauung aller Sinneseindrücke	• Klarheit, Selbstvertrauen • Mut • Intelligenz

Kapha-Dhatu: Der Regenerator des Lebens

Körpergewebe	Körperliche Funktion	Mentale Funktion
• Muskeln • Fett • Bindegewebe, Schleimhaut • Knochen, Knorpel • Blut, Lymphe und alle Körpersäfte	• Aufbau aller Zellen, Regeneration des Körpers • Kraft, Ausdauer, Halt, Stabilität • Fortpflanzung • Erhalt des Immunsystems	• Frieden, Harmonie, Ruhe • Glück, Zufriedenheit • Toleranz, Geduld • Weisheit

Tri-Doshas – die instabile Kraft, die Krankheiten provoziert

Kapha, Pitta und Vata sind als Tri-Dhatus stabil und erhalten den Körper. Als Tri-Doshas dagegen sind sie wechselhaft, instabil und haben die Neigung, sich im Körper anzusammeln. Dann bringen sie das biologische System des Organismus aus dem Gleichgewicht und machen ihn empfänglich für Krankheiten. Die Tri-Doshas sind die ausführenden Energien des Körpers und an allen biologisch aktiven Prozessen beteiligt. Sie lassen sich von ihrem Charakter her mit einem kleinen neugierigen Kind vergleichen: Sie sind lebhaft und wollen beschäftigt werden, und wenn ihnen zu langweilig wird, können sie sehr unangenehm werden. Daher müssen sie auch unter Kontrolle gehalten werden, damit sie keinen Unsinn anstellen.

Zu viel produzierte Doshas müssen möglichst schnell wieder beseitigt werden, denn eine biologisch aktive Energie kann nicht einfach »arbeitslos« herumsitzen und auf den nächsten Einsatz warten. Wenn der Körper für sie keine Verwendung hat, dann suchen sie sich eben selbst eine Tätigkeit und breiten sich irgendwo aus. Nur leider wird diese selbstständige Jobsuche dem Körper eher schaden als nützen.

Ein Beispiel: Es ist Mittagszeit, Sie haben Hunger. Sie sind aber auch gestresst und nehmen sich deshalb keine Zeit zum Essen. Der Hunger wird also – soweit es geht – verdrängt oder mit heißem Kaffee gestillt. Das Dosha, das zu dieser Zeit am aktivsten ist, ist Pitta-Dosha. Es wartet bereits ungeduldig darauf, dass es endlich etwas Essbares gibt, denn Pitta-Dosha will verbrennen, und jetzt ist die richtige Zeit dafür. Wenn Pitta-Dosha jetzt kein Brennmaterial in Form eines kräftigen, warmen Mittagessens bekommt oder sogar mit Kaffee noch angefacht wird, muss es seine Aktivität eben anderweitig nutzen.
Die Energie wird andere Wege suchen und finden, wie sie ihre zerstörerische, sprich verbrennende Kraft austoben kann. Pitta-Dosha wird sich dann zum Beispiel über spezielle Körperkanäle ausbreiten und Teile des Körpers regel-

recht »verbrennen« oder verdauen. Eine typische Krankheit dafür ist die Magenschleimhautentzündung (Gastritis) oder deren fortgeschrittenes Stadium das Magengeschwür (Ulcus ventriculi). Anstatt Nahrung zu verbrennen, greift Pitta-Dosha den eigenen Magen an und beginnt ihn zu verdauen. Es gibt natürlich viele Gründe, wie es dazu kommen kann, aber diese Erkrankungen gehen immer mit einer erhöhten oder unausgewogenen Aktivität von Pitta-Dosha einher.

Die Tri-Doshas sind für ganz bestimmte Bereiche und Aufgaben im Körper verantwortlich. Sind sie im natürlichen Einklang miteinander, so ist Ihr Körper gesund. Sind sie jedoch dauerhaft verändert, so wird der Organismus krank. Ayurveda sieht jede Entstehung von Krankheiten in einem Ungleichgewicht der Tri-Doshas.

Äußere Faktoren wie Klima, Bakterien und Viren werden hier nicht als Ursache einer Erkrankung angesehen. Solange die Tri-Doshas im Gleichgewicht bleiben, ist die Immunität des Körpers nicht gefährdet und kein äußerer Faktor kann im Körper Schaden anrichten. Jede übermäßige Anhäufung eines oder mehrerer Tri-Doshas aber führt zu Beschwerden und Krankheiten. Leiden Sie jeden Tag unter Stress und Zeitdruck, so wird Pitta-Dosha mehr und mehr ansteigen. Wenn Sie deshalb Sodbrennen oder Magenschmerzen bekommen, wäre es äußerst unklug, mit Säureblockern dagegenzuhalten. Die Beschwerden mögen zwar zeitweilig verschwinden, das erhöhte Pitta-

Dosha jedoch bleibt bestehen und wird Ihren Körper weiter schwächen.

Wir meinen oft, unseren Körper austricksen zu können: Haben wir Verstopfung, so nehmen wir ein Abführmittel. Leiden wir unter Kopfschmerzen, so schlucken wir ein Schmerzmittel. Sind wir traurig, so brauchen wir einen Stimmungsaufheller. Aber sind wir danach wirklich gesund?

Im Ayurveda geht man nicht diesen bequemen Weg. Jede Beschwerde, jede Krankheit hat ihren Grund. Jedes Symptom ist ein Alarmzeichen, das uns den Weg zur Gesundung zeigen will. Wenn wir diese Zeichen mit Tabletten einfach verdrängen, dürfen wir uns nicht wundern, wenn wir später ernsthaft krank werden.

> Ignorieren oder unterdrücken Sie Ihre körperlichen Probleme nicht einfach, sondern hören Sie frühzeitig auf die Alarmzeichen Ihres Körpers.

Die Aktivität der Tri-Doshas

Jedes Individuum zeichnet sich von Geburt an durch eine ganz persönliche Mischung der Tri-Doshas aus. Diese angeborene Grundmischung ist Teil der Konstitution eines Menschen und bleibt ein Leben lang gleich. Die aktuelle Aktivität der Tri-Doshas verändert sich jedoch ständig – je nachdem, was Sie gegessen oder getrunken haben, was Sie denken oder fühlen, wie lange Sie schlafen, wie das

Klima gerade ist, ob Sie Stress haben oder meditieren. Es gibt nichts, was Sie tun können, ohne dass zumindest eines der drei Doshas darauf reagieren wird. Es herrscht also ein ständiges Ansteigen oder Absinken der Tri-Doshas. Dies ist auch wichtig und notwendig, damit der Organismus auf die Reize seiner Umwelt reagieren kann. Probleme tauchen dann auf, wenn durch falsche Lebensweise und Gewohnheiten die angeborene Grundmischung der Tri-Doshas auf Dauer verändert wird. Bei anhaltender Missachtung ausgleichender Maßnahmen kann das zu einer nachhaltigen Störung des Organismus führen. Ziel einer gesunden Lebensweise, die Ihre innere Ausstrahlung und äußerliche Schönheit fördert, ist es, erhöhte Energien auszugleichen, damit der Körper immer wieder in sein Gleichgewicht zurückfindet.

> Um Körper und Seele im Gleichgewicht zu halten, sollten Sie erhöhte Energien mit gegengesetzten Energien ausgleichen.

Vata, Pitta und Kapha reagieren auf alle Reize, denen der Mensch ausgesetzt ist, und verändern sich dadurch ständig. Wenn Sie zum Beispiel sehr heiße oder scharfe Speisen zu sich nehmen, erhöht sich Pitta-Dosha, während Kapha-Dosha sinkt. Essen Sie viele süße und kalte Speisen, beispielsweise Eis oder Milchshakes, so erhöht sich dagegen Kapha-Dosha und Pitta-Dosha sinkt. Setzen Sie sich kaltem Wind, großer Kälte oder Klimaanlagen aus, so erhöht sich Vata-Dosha.

Prakriti – die natürliche Konstitution

> Wenn Sie Ihre Natur kennen und danach leben, sind Sie Ihr eigener Schöpfer für Gesundheit, Wohlbefinden und natürliche Schönheit.

Das Wissen um die eigene Konstitution ist darum so wichtig, weil es Ihnen dazu verhilft, täglich etwas für Ihr persönliches Wohlbefinden zu tun. So können Sie Heilpflanzen, Kräuteröle, pflegende Substanzen und insbesondere auch die Ernährung nach Kriterien auswählen, die Ihrer Gesundheit am förderlichsten sind.

Befinden Sie sich in Ihrer Konstitution, also wenn Ihre körperlichen und geistigen Kräfte im Gleichgewicht sind, werden Sie sich rundum wohl fühlen, Ihr Körper kann seine Selbstheilungskräfte aktivieren und Sie können nicht krank werden. Krankheit entsteht aus einem unharmonischen Zustand heraus, der weit vom natürlichen Gleichgewicht der Konstitution (Prakriti) entfernt ist. Man nennt diesen unharmonischen Zustand krankhafte Verfassung oder »Vikriti«. Mit Vikriti ist jeder Zustand außerhalb der Konstitution gemeint, dem Sie durch geeignete Maßnahmen entgegensteuern können oder der durch geeignete therapeutische Maßnahmen behandelt werden sollte.

Dass Ihre Körperkräfte aus dem Gleichgewicht geraten sind, merken Sie zum Beispiel schon nach einer feuchtfröhlichen Nacht, wenn Sie morgens mit Kopfschmerzen aufwachen. Sie befinden sich dann nicht mehr in Ihrer Konstitution (Prakriti), sondern in einer gestörten Verfassung (Vikriti), da der Alkohol Ihre Körpersäfte durcheinander gebracht hat. Geben Sie sich Zeit zur Regeneration, können die Selbstheilungskräfte des Körpers das Ungleichgewicht bald wieder ausgleichen.

Das Hin- und Hergleiten von Prakriti in Vikriti und umgekehrt findet ständig in unserem Körper statt. Wenn Sie jedoch am nächsten Tag erneut ausgiebig feiern, wird sich das Ungleichgewicht weiter verschieben und mit der Zeit führt ein entsprechender Lebenswandel dazu, dass Ihr Körper immer größere Schwierigkeiten hat, wieder von selbst ins Gleichgewicht zurückzukommen. Ihre Selbstheilungskräfte sind geschwächt, Ihre Leistungsfähigkeit lässt nach und Ihre mentale Ausgeglichenheit schwindet. Sie werden umso anfälliger für Krankheiten, je weiter Sie sich von Ihrer natürlichen Konstitution entfernen. Ziel des Ayurveda ist es, die Selbstheilungskräfte so zu aktivieren, dass der Körper wieder zurück in sein natürliches Gleichgewicht findet. Um gesund zu bleiben, kommt es also darauf an, im Einklang mit der eigenen Konstitution zu leben, das heißt die Anteile von Vata, Pitta und Kapha immer wieder in ihr individuelles natürliches Gleichgewicht zu bringen.

Die Konstitution bildet sich bereits mit der Empfängnis für die Dauer des ganzen Lebens.

Im Unterschied zu vielen anderen Naturheilkunden – und auch im Gegensatz zu vielen Fehlinterpretationen der ayurvedischen Lehre – verändert sich laut Ayurveda die Konstitution im Laufe des Lebens nicht. Sie ist eine der wenigen Konstanten in unserem Dasein. Das menschliche Aussehen wandelt sich zwar im Laufe des Lebens, seine Konstitution bleibt jedoch immer gleich.

Die sieben Konstitutionen

Jeder Mensch hat eine ganz eigene individuelle Konstitution, da die Mischung von Vata, Pitta und Kapha unendlich viele Kombinationen ermöglicht.

Wie wir bereits wissen, setzt sich jedes Lebewesen aus den fünf Elementen Raum, Luft, Feuer, Wasser und Erde zusammen. Aus den fünf Elementen entwickeln sich die drei biologischen Lebenskräfte Vata, Pitta und Kapha. Die Konstitution wiederum wird bestimmt aus der individuellen Mischung dieser drei Körperkräfte. Man unterscheidet im Ayurveda sieben Konstitutionstypen, je nachdem, welches der Tri-Doshas das vorherrschende ist. Es gibt die drei Grundkonstitutionen Vata, Pitta und Kapha, bei denen nur ein Dosha bestimmend ist. Bei den drei gemischten Konstitutionen Pitta-Vata, Pitta-Kapha und Vata-Kapha sind zwei Doshas gleich stark ausgeprägt, während bei der sehr seltenen siebten Konstitution alle drei Doshas gleich stark vertreten sind. Zunächst werden die drei Grundkonstitutionen Vata, Pitta und Kapha erläutert, damit Sie eine Vorstellung und ein Gefühl für die drei Grundtypen bekommen. Da jeder von uns alle Doshas in sich trägt, werden Sie sich in allen Grundkonstitutionen zum Teil wieder finden. Ihre Konstitution ist aber diejenige, bei der die meisten Merkmale für Sie zutreffen.

Die Vata-Konstitution

Lebensmotto: Wer rastet, der rostet.

Geist/Psyche allgemein:	Unruhiger Geist, hat ständig neue Ideen und Gedanken, kommt nicht zur Ruhe; kann seine Gedanken nicht abstellen
Kommunikation:	Redet viel und hört nicht gerne zu
Motivation:	Stets auf der Suche nach neuen Aufgaben, kann andere begeistern, ist kreativ
Selbstbewusstsein:	Traut sich im Allgemeinen wenig zu, zweifelt leicht an sich selbst
Beruf:	Liebt die Abwechslung, hasst Eintönigkeit und Routinearbeiten
Disziplin:	Bringt Projekte und Vorhaben selten zu Ende

Integrität:	Hält sich meist nicht an Absprachen und Vereinbarungen, lässt sich nicht gerne festlegen
Verstand:	Schnell, aber oft zusammenhanglos; verliert leicht den Faden
Gedächtnis:	Lernt schnell, vergisst aber wieder schnell
Stimmungen:	Leidet unter häufigen Stimmungsschwankungen
Gefühle:	Viele Ängste, fürchtet sich leicht; nervös, schnell aufgeregt, unsicher und verwirrt
Lebensthemen:	Reisen, Ängste, Übersinnliches, Freiheit
Körpertemperatur:	Zu niedrig, friert immer
Bewegung:	Braucht körperliche Bewegung, muss jedoch öfter Pause machen; oft in Eile und Hektik
Ausdauer:	Wenig Kraft und Ausdauer
Finanzen:	Hat meist zu wenig Geld, gibt es leichtfertig für unnütze Dinge aus
Reisen:	Weltenbummler, ist ständig auf Reisen
Umgang mit Menschen:	Ist offen und neugierig; lernt gerne neue Menschen kennen
Stimulanzien:	Beruhigungs- und Schlafmittel, beruhigende, bewusstseinserweiternde Drogen

Hobbys:	Reisen, Kunst, Trödelmarkt, Schauspielerei, Lesen, Kino, Tanzen, Ausgehen
Berufe:	Schauspieler, Künstler, Modeschöpfer, Reporter, Vertreter, Außendienstmitarbeiter, Schichtdienst

Empfehlungen für die Vata-Konstitution:

- *Tagesrhythmus einhalten*
- *Öfter mal entspannen*
- *Viel schlafen*
- *Meditation, Yoga*
- *Warme Nahrung*
- *Süße, saure und salzige Nahrung*
- *Kalte, windige und trockene Orte meiden*

Empfindlich gegen:

- *Wind, Kälte*
- *Klimaanlagen,Trockenheit*
- *Wetterwechsel*
- *Herbst und Winter*
- *Geräusche,Gerüche*
- *Stress, Hektik*
- *Unrhythmisches Leben*
- *Trockene, kalte und bittere Nahrung und Rohkost*

Häufige gesundheitliche Probleme von Vata-Konstitutionen

Schlaflosigkeit, Schmerzzustände aller Art, Migräne, Neuralgien, Verspannungen, nervöse Zuckungen, Herzrhythmusstörungen, Bluthochdruck oder zu niedriger Blutdruck, trockenes Asthma, Knochenkrankheiten (wie Arthritis, Osteoporose), Rheuma, Schwäche, chronisches Frieren, Nervenkrankheiten (wie Alzheimer, multiple Sklerose, Lähmungen), Bewegungs- und Koordinationsstörungen, Gedächtnisprobleme, nervöse Störungen, Krämpfe, Koliken, viele psychische Probleme (wie Angstzustände, Depressionen, Psychosen), Trockenheit (von Haut, Schleimhäuten, Augen und anderen Körpergeweben), Gallen- oder Nierensteine, Darm- und Blasenschwäche, Organsenkungen, Unfruchtbarkeit, vorzeitige Alterung, Blähungen und Verstopfung.

Die Pitta-Konstitution

Lebensmotto: Dem Mutigen gehört die Welt.

Geist/Psyche allgemein:	Hungriger Geist, der ständig mit Informationen und Wissen gefüttert werden muss; denkt und analysiert gerne und viel
Kommunikation:	Argumentierend, überzeugend, hinterfragend und kritisierend, dikutiert und streitet gerne

Motivation:	Denkt leistungs- und wettbewerbsorientiert, braucht Konkurrenz und strebt nach Macht
Selbstbewusstsein:	Meist sehr selbstbewusst, neigt zu Arroganz und Überheblichkeit
Beruf:	Braucht Ziele, Herausforderungen und Leistungsvergleiche
Disziplin:	Sehr diszipliniert und genau; neigt zur Pedanterie
Integrität:	Hält sich an Regeln und Vereinbarungen und fordert sie auch von anderen ein
Verstand:	Schnell, scharf, kritisch, wissend
Gedächtnis:	Lernt zielstrebig und kann sich Dinge gut merken
Stimmungen:	Eher konstant, neigt aber zu explosiven Reaktionen
Gefühle:	Neigt zu Wutausbrüchen, Zorn, Eifersucht
Lebensthemen:	Krieg, Eroberung, Leidenschaft, Konkurrenz, Philosophie, Fanatismus
Körpertemperatur:	Hoch, schwitzt schnell
Bewegung:	Liebt Sport und körperliche Betätigung, aber oft leistungsorientiert und mit anderen konkurrierend

Ausdauer:	Eher mäßig
Finanzen:	Gibt sein Geld gerne für Luxusgüter und Statussymbole aus, Risikobereitschaft
Reisen:	Reist lieber in kühlere Länder
Umgang mit Menschen:	Möchte gerne bewundert werden; oft belehrend und kritisierend; zeichnet sich durch Führungsanspruch aus
Stimulanzien:	Alkohol, Zigaretten, Kaffee, aufputschende Drogen
Hobbys:	(Risiko-)Sport, Wettkämpfe, Wissen anhäufen, Vorträge halten, philosophieren, planen, organisieren, erforschen
Berufe:	Politiker, Lehrer, Wissenschaftler, Erfinder, Sportler, Anwalt, Soldat, Polizist, Manager, Jäger

Empfehlungen für die Pitta-Konstitution:

- *kühle, frische Atmosphäre*
- *Schwimmen*
- *Abschalten vom Berufsalltag*
- *Kühle Getränke*
- *Süße, bittere und herbe Nahrung*
- *Hitze, Sonne, Feuer und saure Nahrung vermeiden*

Empfindlich gegen:

- *Hitze, Sonne, Licht, Sommer, Geräusche, Gerüche*

- *Stress*
- *Ölige, heiße, saure, scharfe und salzige Speisen*

Häufige gesundheitliche Probleme von Pitta-Konstitutionen
Augenprobleme, Augenbrennen, Blutkrankheiten, Venenschwäche, Entzündungen der Magen- und Darmschleimhaut (Gastritis und Kolitis), Sodbrennen, Magen- und Zwölffingerdarmgeschwüre, Leber- und Milzkrankheiten, brennende Schmerzzustände, akute Durchfälle, Hautkrankheiten (wie Schuppenflechte, Akne, Ekzeme, Ergrauen der Haare oder Haarausfall), vermehrtes Schwitzen und Nachtschweiß, Hitzewallungen, Erröten, stressbedingte Krankheiten, entzündliche und fiebrige Erkrankungen.

Die Kapha-Konstitution

Lebensmotto: In der Ruhe liegt die Kraft.

Geist/Psyche allgemein:	Langsamer, träger Geist; ein bisschen zu faul und zu träge zum Denken; beschäftigt sich oft mit Vergangenem
Kommunikation:	Hört gerne zu und lässt die anderen reden
Motivation:	Strebt nach Belohnung, Zuneigung und Lob

Selbstbewusstsein:	Wirkt oft selbstbewusst nach außen, neigt aber zu Schüchternheit und Demut
Beruf:	Braucht Sicherheit, liebt Routine
Disziplin:	Zuverlässig, neigt aber zu Trägheit und Faulheit
Integrität:	Hält sich gerne an Regeln und Vereinbarungen; ordnet sich ohne weiteres unter
Verstand:	Langsam, schwerfällig, einfach strukturiert
Gedächtnis:	Lernt langsam, braucht Zeit, hat ein gutes Langzeitgedächtnis
Stimmungen:	Sehr konstant und gleichmäßig, jedoch nahe am Wasser gebaut
Gefühle:	Neigt zu Schwermut, Traurigkeit, Selbstmitleid und Nostalgie
Lebensthemen:	Harmonie, Ruhe, Schönheit, Religion, Verein, Gemütlichkeit, Besitz, Sicherheit
Körpertemperatur:	Eher zu niedrig, friert leicht
Bewegung:	Ruhig und bedächtig
Ausdauer:	Viel Kraft und Ausdauer
Finanzen:	Hat meist viel Geld, spart und häuft es an; trennt sich nur schwer von Geld und Besitz, scheut Risiken

Reisen:	Ist gerne zu Hause und fährt am liebsten immer wieder an denselben Ort in Urlaub
Umgang mit Menschen:	Ist neuen Menschen gegenüber zunächst vorsichtig und scheu; liebt große Familie, viele Freunde und Geselligkeit
Stimulanzien:	Alkohol, Kaffee, scharfe Gewürze
Hobbys:	Sammeln und aufbewahren, Natur, schöne Dinge wie Kunst und Antiquitäten, singen, basteln, genießen, kochen
Berufe:	Priester, Beamter, Bankier, Bauer, Handwerker, Gärtner, Koch, Gastronom, Masseur, Metzger

Empfehlungen für die Kapha-Konstitution:

- *Sport, Bewegung*
- *Warme, leichte Nahrung*
- *Scharfe, bittere und herbe Nahrung*
- *Süßes und schweres Essen meiden*
- *Kalte und feuchte Orte meiden*
- *Nicht zu lange oder tagsüber schlafen*

Empfindlich gegen:

- *Feuchtigkeit*
- *Feuchte Kälte*
- *Nebel*
- *Winter und Frühling*
- *Feuchte, schwere und süße Nahrung*

Häufige gesundheitliche Probleme von Kapha-Konstitutionen
Übergewicht, Atemnot, Zuckerkrankheit (Diabetes mellitus), Gefäßverkalkung (Arteriosklerose), koronare Herzkrankheiten, Bluthochdruck, feuchtes Asthma, chronische Erkältungen, Nasennebenhöhlenprobleme oder Bronchitis, Verschleimungen im Brust-, Hals- und Kopfbereich, Stirnkopfschmerz, erhöhte Cholesterinwerte, Rheuma mit geschwollenen Gelenken, Albuminurie (Eiweiß im Urin), Nierenkrankheiten, teigige, feste Ödeme, Verfettung von Organen, Lethargie, Depressionen und träge Verdauung.

Die Mischkonstitutionen

Aus den drei vorangegangenen Konstitutionen bilden sich die Mischkonstitutionen – das heißt, nicht nur eine, sondern zwei oder alle drei Körperkräfte sind hierbei dominant vorhanden. Die Mischkonstitutionen kommen am häufigsten vor und machen eine körpergerechte Lebensweise schwieriger, da man es mit zwei dominierenden Körperkräften zu tun hat, die aus dem Gleichgewicht geraten können. Wenn Sie sich bei den oben beschriebenen Konstitutionsbildern nicht eindeutig für eine Konstitution entscheiden konnten, sind Sie wahrscheinlich eine Mischkonstitution, beispielsweise eine Mischung aus Pitta und Kapha.

- Vata-Pitta-Konstitution: Vata und Pitta spielen die Hauptrolle, Kapha dagegen nur die Nebenrolle.
- Pitta-Kapha-Konstitution: Pitta und Kapha sind dominant, Vata ist nur gering vorhanden.
- Vata-Kapha-Konstitution: Vata und Kapha dominieren, während Pitta nur wenig ausgeprägt ist.
- Vata-Pitta-Kapha-Konstitution: Alle Doshas sind gleich verteilt. Diese wünschenswerte Kombination kommt leider so gut wie nie vor.

Anhand der vorherigen Beschreibungen und der Konstitutionstabelle können Sie Ihre persönliche Konstitution genauer bestimmen. Sehen Sie einfach nach, in welcher Spalte die meisten Merkmale mit Ihren Eigenschaften übereinstimmen: Der betreffende Typ entspricht am ehesten Ihrer Konstitution. Doch Vorsicht! Die Ermittlung Ihrer Konstitution ist nicht so einfach, wie es auf den ersten Blick scheinen mag, da viele von uns sich ständig in einem leichten Ungleichgewicht befinden. Sie sollten nicht den Fehler machen, dieses Ergebnis als endgültig zu betrachten, sondern es regelmäßig überprüfen. Eine wirklich zuverlässige Bestimmung Ihrer Konstitution kann nur ein geschulter Ayurveda-Therapeut vornehmen, der eine jahrelange Ausbildung hinter sich hat. Für Sie kann die Konstitutionstabelle aber als Orientierungshilfe dienen.

Die Konstitutionstabelle

Merkmale	Vata	Pitta	Kapha
Körperbau	Dünn, schwach, schlaksig	Fein bis muskulös	Kräftig, stämmig, Fettpolster
Körpergewicht	Untergewichtig, Schwankungen	Mittelschwer	Übergewichtig, konstant
Haut	Trocken, kalt, rissig, dünn	Warm, feucht, Pigmentierungen	Hell, feucht, kalt, weich, dick
Haare	Wenig, trocken, brüchig, stumpf	Fein, weich, frühes Ergrauen, Glatze	Viel, dick, ölig, lockig
Kopf	Klein, ungleich	Mittel	Groß quadratisch dick
Gesicht	Zerfurcht, schief, hohlwangig	Spitz, rötlich, scharf	Rund, blass, weich, volle Wangen
Augen	Unruhig, dunkel, klein, trocken	stechend, grün, rötlich, empfindlich	Groß, freundlich, ruhig, blau
Nase	Schief, lang, gebogen, trocken	Mittel, scharfkantig, spitz	Weich, rund, Stupsnase, feucht

Merkmale	Vata	Pitta	Kapha
Lippen	Dünn, trocken, rau, rissig	Rötlich, entzündet	Dick, sinnlich, groß
Zähne	Klein, Zahnlücken, schief, Karies	Mittel, weich, leicht blutiges Zahnfleisch	Groß, weiß, stark, gleichmäßig
Nägel	Brüchig, trocken	Weich, rosa	Kräftig, dick, fest
Hände	Dünn, kalt, rissig	Mittel, warm, feucht, schief	Kalt, dick, klobig, fleischig
Appetit	Wechselhaft	Immer stark	Mäßig, konstant
Verdauung	Unregelmäßig, Verstopfung, Gase	Schnell, regelmäßig, öfter am Tag	Träge, , langsam Verstopfung
Stuhl	Hart, trocken, dunkel, Gase, schmerzhaft	Weich, hell, sauer, Tendenz zu Durchfall, brennend	Weich bis fest, klebrig, schleimig
Schweiß	Spärlich, ohne Geruch	Reichlich mit saurem Geruch	Kalt, süßlich, bei Anstrengung
Kreislauf	Wechselhaft	Gut	Langsam

Merkmale	Vata	Pitta	Kapha
Aktivität	Schnell, hektisch, unüberlegt	Zielgerichtet, geplant, klar	Langsam, konstant
Empfindlichkeiten	Wind, Kälte, Herbst, Trockenheit	Sonne, Hitze, Sauna, Sommer	Feuchtigkeit, Kälte, Winter
Negative Gefühle	Angst, Sorgen, ruhelos, nervös	Wut, Hass, Eifersucht, streitsüchtig	Gierig, anhänglich, sentimental
Stimmungen	Schwankend, übertrieben	Ärgerlich, gestresst, aufbrausend	Stabil, friedlich, freundlich, ruhig
Verstand	Schnell, flexibel, unentschlossen	Intelligent, kritisch, hinterfragend	Langsam, dumpf, unflexibel
Gedächtnis	Begreift schnell und vergisst es wieder	Scharf, gut, verlässlich	Begreift langsam, vergisst aber nicht
Sprechweise	Schnell, hektisch, undeutlich, geschwätzig	Überzeugend, klar, dominierend	Ruhig, langsam, hält sich zurück
Träume	Albträume, unruhig, vom Fliegen und Reisen	Krieg, Gewalt, intensiv, leidenschaftlich, wacht davon auf	Romantisch, schön, von Natur, Wasser

Die geistige Konstitution

Während die drei biologischen Körperkräfte Vata, Pitta und Kapha unsere körperliche Konstitution für unser ganzes Leben festlegen und es darum geht, sie in ihrem natürlichen Gleichgewicht zu halten, können wir unsere geistige Konstitution grundsätzlich beeinflussen und verändern. Auf der geistigen Ebene finden sich ebenfalls drei Grundenergien, die unsere mentalen und charakterlichen Fähigkeiten steuern. Es sind die drei universalen Eigenschaften (Gunas) Sattva, Rajas und Tamas. Dies sind die drei Wesenszüge, die jedem Lebewesen, auch Tieren und Pflanzen, zu Eigen sind. Sattva, Rajas und Tamas sind Teil unserer Identität und steuern unseren Antrieb, unser Verhalten, unsere Motivationen und unsere Emotionen. Laut dem Ayurveda ist es erstrebenswert, seine geistigen Fähigkeiten zu erweitern und einen ausgeglichenen und erfüllten Geisteszustand zu erlangen. Je mehr Sie Ihr Leben auf die mentale Energie Sattva ausrichten, umso leichter wird es Ihnen fallen, Glück, Zufriedenheit und innere Stabilität aufrechtzuerhalten. Sattiva ist die Kraft, mit der Sie Gesundheit und Schönheit aus Ihrem Geist heraus erschaffen.

Sattva: »Nicht von dieser Welt«

Merkmale von Sattva	Lebensweise und Tätigkeiten, die Sattva erhöhen
Wahrheitsliebend, mutig, friedfertig, glücklich, heiter, kreativ, mitfühlend,	Musizieren, Tanzen, Beschäftigung mit Kunst und schönen Dingen wie Blumen, Düften (Räucherwerk, ätherische Öle), Stoffen oder

vergebend, demütig, religiös, geduldig, sauber, ordentlich, reich und frei von Gier, Egoismus, Wut, Eifersucht, falscher Stolz und Intoleranz	Farben, Aufenthalt in der Natur, Yoga, Meditation, soziale Arbeit, selbstloses Dienen, (nichtfanatische) Religiosität, Heilen, Lachen und anderen eine Freude bereiten. Frische Kost, Kochen über dem Gasofen oder dem offenen Feuer, warme Milch, Ghee (geklärtes Butterschmalz), Honig, viele Gewürze wie Kreuzkümmel, Kurkuma, Lorbeerblätter, Ingwer, ayurvedische Heilpflanzen wie Ashwagandha, Gokshura, Shatavari, Arjuna, Brahmi, Kalmus, langer Pfeffer, Lotus und viele andere

Rajas: »Immer auf der Suche«

Merkmale von Rajas	Lebensweise und Tätigkeiten, die Rajas erhöhen
Übertriebener Ehrgeiz, Konflikte, Neid, Eifersucht, Konkurrenzdenken, Aggression, Hass, Unruhe, Unzufriedenheit, Egoismus, Freigebigkeit nur, wenn sich ein Vorteil daraus ergibt	Unruhiger Lebensstil, Hektik, Stress, zu großes Arbeitspensum, zu geringe Ruhezeiten, ärgern, streiten, viel Fernsehen, Beschäftigung mit spannenden, unruhigen Themen, Konsum von aufputschenden Drogen wie Amphetamine, Kokain oder LSD. Umgang mit intensiven Gerüchen von Chemikalien (Klebstoffe, Formaldehyd, Aceton, Säuren), schrille Geräusche oder elektromagnetische Strahlen (Handy, Mikrowelle, Funkmasten), Kochen auf dem Elektroherd. Aufputschende Nahrung und Getränke wie säurehaltige Getränke mit weißem Zucker wie Cola oder so genannte »Energy Drinks«, Kaffee und andere koffeinhaltige Getränke, Alkohol, Fleisch (besonders rotes Fleisch), Meeresfisch. Auch Speisen mit

	intensivem und irritierendem Geschmack, wie Kartoffelchips, Chili und Meerrettich.

Tamas: »Keine Lust zu gar nichts«

Merkmale von Tamas	Lebensweise und Tätigkeiten, die Tamas erhöhen
Passiv, träge, faul, eigensinnig, stur, feige, unehrlich, uninteressiert, gierig, ungepflegt, abstoßend, dumpf, kriminell, pervers, skrupellos, gibt nichts freiwillig an andere weiter	Mikrowellennahrung, aufgewärmtes Essen, Tiefkühlkost, Fastfood, H-Milch, verdorbene oder alte Nahrung und das Fleisch von kranken oder nicht artgerecht gehaltenen Tieren, von abstumpfenden Drogen wie Haschisch, Ecstasy oder Heroin ganz zu schweigen. Auch das Verschlingen von großen Mahlzeiten und die Einnahme von gegensätzlichen Nahrungsmitteln macht schwer und träge und verstärkt Tamas. Nahrungsmittel, die Tamas ebenfalls erhöhen, sind beispielsweise Avocados, Pilze, Knoblauch, Zwiebeln, Hartkäse oder alter Käse.

Der Zusammenhang der geistigen Konstitution mit Vata, Pitta und Kapha

Jeder von uns wird mit seiner eigenen Konstitution, sprich seiner individuellen Mischung von Vata, Pitta und Kapha, geboren. Diese drei Lebenskräfte haben neben körperlichen auch psychische Merkmale, die Ähnlichkeiten zu den mentalen Gunas aufweisen. Vata-Konstitutionen sind von Natur aus eher unruhig, wechselhaft und nervös. Sie haben daher meist einen hohen Rajas-Anteil, ebenso wie gestresste Pitta-Menschen. Bei Kapha-Konstitutionen dagegen überwiegt Ruhe, Langsamkeit und eine gewisse Schwerfälligkeit; sie haben von Natur aus meist einen höheren Tamas-Anteil.

Da wir unsere geistigen Energien jedoch im Gegensatz zu den körperlichen Energien verändern können, können Sie selbst entscheiden, welche geistigen Gunas Sie verstärken und welche Sie senken möchten. Die Ausgangssituation mag zwar für jeden unterschiedlich sein – so wird es einem Vata-Menschen eher schwer fallen, dauerhaft ruhig und ausgeglichen zu werden –, aber der Weg zu einem erfüllten Leben steht jedem gleichermaßen offen.

In der nachfolgenden Tabelle können Sie ablesen, wie sich die Erhöhung eines mentalen Gunas in den einzelnen Konstitutionen auswirkt. Sattva unterstützt die besonderen Fähigkeiten und Talente, über die jede Konstitution verfügt.

Konstitution	Sattva	Rajas	Tamas
Vata	Klarheit, Kreativität, Enthusiasmus	Unruhe, Hektik, Hyperaktivität, Paranoia	Orientierungslosigkeit, Depression, Verwirrtheit, Skrupellosigkeit
Pitta	Weisheit,	Arroganz,	Jähzorn, Hass,

	Verständnis, Demut	Konkurrenzdenken, Machtstreben	Eifersucht, Neid, Zerstörungswut
Kapha	Liebe, Mitgefühl, Hingabe	Gier, übertriebene Anhänglichkeit, Triebhaftigkeit	Debilität, Perversität, Depression, Verwahrlosung

Geistige Gesundheit

Die geistigen Gunas sind also veränderbar – je nachdem, womit Sie sich beschäftigen, wie Sie leben und wie Sie sich ernähren. Jeder Mensch trägt die Verantwortung für seine Entwicklung zu einem Großteil selbst. Sie sind die Quelle Ihrer geistigen Möglichkeiten und bestimmen, ob Sie diese ausschöpfen oder nicht. Jeder von uns kann selbst dazu beitragen, sein Leben glücklicher und erfüllter zu gestalten.

Folgende Punkte können Sie dabei unterstützen:

- Achten Sie darauf – ob zu Hause oder im Büro –, dass sich eine gemütliche Atmosphäre positiv auf Ihr Wohlbefinden auswirkt. Blumen und andere Pflanzen, Farben und Düfte tragen dazu ebenso bei wie wohlklingende, angenehme Musik.
- Einen entscheidenden Einfluss auf Ihre geistigen Energien haben die Themen, mit denen Sie sich beschäftigen. Lassen Sie die Krimi- oder Kriegsromane mal eine Zeit lang weg und lesen Sie Bücher, die Kreativität, Inspiration und Ausgeglichenheit fördern. Vielleicht probieren Sie auch das eine oder andere Seminar in die-

ser Richtung aus und warten ab, wie es sich auf Ihr Leben auswirkt. Auch beim Fernsehen entscheidet die Devise: Die Themen, mit denen Sie sich beschäftigen, werden sich in Ihrem Geist festsetzen. Wenn Sie sich öfter Horror- oder Psychofilme ansehen, brauchen Sie sich nicht zu wundern, dass Ihr Schlaf und Ihre Träume unruhig sind. Außerdem werden sich die negativen Gefühle in Ihnen erhöhen und auf Ihren Alltag auswirken.

- Wer in seiner Freizeit immer unterwegs ist, kann schwerlich ruhiger werden. Sportliche Betätigung ist in Ordnung, wenn Sie nicht Ihre Grenzen überschreiten und ab und zu eine Ruhepause einlegen. Aber Sie können Ihre kostbare Zeit auch anders nutzen. Vielleicht, indem Sie hin und wieder die Stille der Natur genießen. Betrachten Sie mit offenen Augen die kleinen Wunder unseres Planeten, indem Sie meditativ und entspannt durch den Wald spazieren oder sich einer kreativen Tätigkeit hingeben. Vielleicht tut sich eine ganz neue Welt vor Ihnen auf …
- Alles, was Ihrem Geist Ruhe und Zufriedenheit schenkt, wird Ihr Leben bereichern. Meditation bessert die Konzentrationsfähigkeit, das Selbstbewusstsein, die Fähigkeit zur Intuition und das Vertrauen in den eigenen inneren Glauben. Meditation ist für Ihren Geist wie Urlaub vom Alltag. Alle Sorgen, Probleme und belastenden Gedanken können dadurch erleichtert werden und lösen sich mit der Zeit sogar ganz auf.
- Erfolg im Beruf und Geld spielen in unserer Gesellschaft eine bedeutende Rolle. Viele von uns kommen

jedoch irgendwann an den Punkt, wo sie sich die Frage nach dem Warum stellen. Die Frage nach dem Sinn des Lebens hat sehr wohl ihre Berechtigung; erlauben Sie sich deshalb schon frühzeitig, ihr nachzugehen. Finden Sie heraus, was Ihr Herz wirklich erfüllt, und gehen Sie diesen Tätigkeiten mit ganzer Intensität nach. Vielleicht sind es soziale, ehrenamtliche Aufgaben oder künstlerische Inspirationen, die Sie rufen. Vertrauen Sie einfach Ihrem Herzen. Es ist weniger wichtig, was Sie tun, sondern wie.

III. Leben im Einklang mit unseren Energien

»Gesundheit ist nicht alles, aber ohne Gesundheit ist alles nichts.« Arthur Schopenhauer

Gesundheit und Schönheit muss zuallererst aus Ihrem Inneren heraus entstehen. Es nützt Ihnen wenig, wenn Sie sich gesund ernähren oder Ihrem Körper gute Kosmetik zukommen lassen, wenn die Grundsysteme in Ihrem Inneren nicht richtig funktionieren. Für die Aufrechterhaltung Ihrer Gesundheit ist die Harmonie aller Kräfte in Ihrem Körper notwendig.

Gesundheit ist das Gleichgewicht

- der drei Körperkräfte Vata, Pitta und Kapha,
- der sieben Körpergewebe (Dhatus) und
- der drei Ausscheidungsprodukte (Stuhl, Urin, Schweiß) in Abhängigkeit eines gut funktionierenden Verdauungsfeuers (Agni).

Wie Sie Ihren Körper im Gleichgewicht halten

1. Halten Sie Vata, Pitta und Kapha in ihrem natürlichen Gleichgewicht, wie es Ihrer Konstitution entspricht. Erhöhte Energien gleichen Sie am besten mit gegensätzlichen Maßnahmen wieder aus.
2. Halten Sie Ihre Verdauung und das Verdauungsfeuer Agni im bestmöglichen Zustand. Ein gutes Agni sorgt dafür, dass:
   - Ihre Körpergewebe (Dhatus) optimal gebildet werden und nicht vorzeitig altern.
   - wenig oder gar keine Schlackenstoffe (Ama) im Organismus entstehen können, die den Körper belasten und zu ungesundem Aussehen führen.
   - Ihre Ausscheidungen: Stuhl, Urin und Schweiß den Körper optimal entgiften können.
   - Ojas, die große, feinstoffliche Kraft für Verjüngung und Regeneration, immer wieder neu entstehen kann.
3. Trainieren Sie »richtiges Atmen« und regenerieren Sie dadurch Ihre Lebenskraft (Prana) immer wieder aufs Neue.

Da wir uns mit Punkt 1 bereits ausgiebig beschäftigt haben, wenden wir uns gleich den drei zentralen, feinstofflichen Lebensenergien Agni, Ojas und Prana zu.

Die essenziellen Körperenergien Agni, Ojas und Prana

Die drei essenziellen Körperenergien Agni, Ojas und Prana sind die entscheidenden Faktoren für Gesundheit und

Wohlbefinden. Sie steuern den gesamten Stoffwechsel und alle Lebensvorgänge in uns, und sogar Vata, Pitta und Kapha sind von ihrer Funktion direkt abhängig.

Agni hat seinen Sitz im Nabelbereich und steuert alle Verdauungs- und Entwicklungsprozesse im Körper. Es ist der große Katalysator, der die Zellteilung, die Neubildung von Körpergewebe und auf mentaler Ebene die Entwicklung des Bewusstseins aktiviert und so auch ermöglicht.

Ojas ist der große Regenerator. Sein Sitz ist das Herz und von dort aus verjüngt und erfrischt es den gesamten Organismus. Wie ein kostbarer Jungbrunnen durchströmt diese feinstoffliche Flüssigkeit alle Körpergewebe und schenkt neue Kraft und gesunde Ausstrahlung. Ojas steuert zudem unser Immunsystem und schützt uns vor Ansteckung und Krankheiten. Auf mentaler Ebene sorgt Ojas für Stabilität, Liebe und Mitgefühl.

Prana ist der Odem des Lebens. Mit jedem Atemzug führen wir uns ein Stück kosmische Lebensenergie zu, die sich durch unsere Lungen in das Blut und dann über die Nervenbahnen im ganzen Körper verteilt. Prana nährt und kontrolliert alle Lebensvorgänge und Lebensenergien im Körper. Wir erneuern damit die subtilste Energie unseres kleinen Mikrokosmos (Körper) mit der allgegenwärtigen kosmischen Energie des großen Makrokosmos (Universum) und sind nur dadurch überhaupt in der Lage, unseren Organismus in jedem Augenblick am Leben zu halten.

Agni – das Verdauungsfeuer

Das Verdauungsfeuer Agni ist der Repräsentant des Feuer-Prinzips im Körper und sorgt dafür, dass die Nahrung in Körpergewebe (Dhatus) umgewandelt wird. Dies passiert in sieben Schritten, in denen sich jeweils ein Teil des gebildeten Körpergewebes weiter spezialisiert, vom Grundplasma über das Blut, die Muskeln, das Fett, die Knochen, das Knochenmark und das Nervengewebe bis hin zum Fortpflanzungsgewebe. Dieser Zyklus ist nach 30 Tagen abgeschlossen, das heißt, erst dann wurde die aufgenommene Nahrung in all ihren verschiedenen Aspekten umgewandelt. Wie gut dieser Zyklus funktioniert, ist direkt von der Qualität unserer Verdauungsleistung abhängig.

Der Aufbau der Körpergewebe ist damit jedoch noch nicht ganz abgeschlossen. Als letzte Substanz aus der Fortpflanzungsgenese (Shukra-Dhatu) entsteht die feinstoffliche Essenz Ojas. Diese vitale Lebensenergie durchläuft den gesamten Organismus noch einmal und erneuert ihn auf einer feinstofflichen Ebene. Der Zyklus der sieben Dhatus lässt sich also als Vorgang der Umwandlung und Weiterentwicklung beschreiben. Alle Prozesse der Umwandlung im Körper sind wiederum Ausdruck des Elementes Feuer und des Feuer-Prinzips: Agni.

Hierin liegt der Dreh- und Angelpunkt der körperlichen Gesundheit. Eine schlechte Nahrungsverwertung wirkt sich auf alle wichtigen Systeme des menschlichen Körpers negativ aus: Vata, Pitta und Kapha, die sieben Dhatus und die Ausscheidungen. Verdauung ist der Verarbeitungsprozess, der ein Nahrungsmittel so verändert, dass es dem Körper ähnlich genug wird, um es verwerten zu können.

Jedes Nahrungsmittel wird im Verdauungstrakt so zerkleinert und verändert, dass am Ende nur noch drei Hauptbestandteile übrig bleiben: Kohlehydrate, Fette und Eiweiße. Erst dann ist es dem Körper ähnlich und kann verwertet werden. Da das Zerlegen der Nahrung in erster Linie im Verlauf eines Verbrennungsvorgangs erfolgt, spricht man in jeder Naturheilkunde von einem »Verdauungsfeuer«, im Ayurveda von »Agni«. Es ist heiß, trocken, leicht, scharf und durchdringend.

Agni ist von Natur aus bei jedem Menschen unterschiedlich stark entwickelt. Es ist abhängig von der Konstitution (Prakriti) und der momentanen Verfassung (Vikriti). Bei der Kapha-Konstitution spricht man von einem von Natur aus schwachen Agni (Manda-Agni), bei der Pitta-Konstitution von einem naturgemäß starken Agni (Tiksha-Agni) und bei der Vata-Konstitution von einem labilen, wechselhaften Agni (Vishama-Agni). Der beste oder harmonischste Zustand von Agni heißt Sama-Agni; er besteht, wenn Vata, Pitta und Kapha im konstitutionellen Gleichgewicht und Appetit und Verdauung regelmäßig und ausgeglichen sind.

Ein wichtiges Ziel jeder ayurvedischen Behandlung ist daher das Erreichen von Sama-Agni. Dabei haben Pitta-Konstitutionen mit ihrem starken Verdauungsfeuer die besten Voraussetzungen, während bei Vata-Konstitutionen die Stabilität und bei Kapha-Konstitutionen die Stärkung von Agni unterstützt werden muss. Wie gut Agni funktioniert, ist jedoch in erster Linie von unserer Lebensweise und Ernährung abhängig. Somit steuert jeder Mensch selbst, ob seine Verdauung gut oder schlecht ist.

Agni ist stark:
- am Mittag
- im Winter

➤ dann sollten Sie kräftige Mahlzeiten zu sich nehmen.

Agni ist schwach:
- morgens und abends
- im Sommer
- nach dem Sport
- bei Krankheiten

➤ hier ist leichte Kost zu empfehlen.

Um Agni bestmöglich zu unterstützen, beachten Sie bitte folgende Essensregeln

1. Eine Hauptmahlzeit sollte grundsätzlich drei Eigenschaften besitzen: warm, befeuchtend (ölig) und ohne gegensätzliche Energien (Viryas), Sie sollten also die Kombination aus sehr Kaltem und sehr Heißem vermeiden.
2. Geben Sie Ihrem Körper zwischen zwei Mahlzeiten drei bis vier Stunden Zeit, bevor Sie erneut essen.
3. Halten Sie die natürlichen Essenszeiten ein.

4. Nehmen Sie die Nahrung zu sich, die zu Ihrer Konstitution passt.
5. Passen Sie die Ernährung der Jahreszeit und dem Klima an.
6. Lenken Sie sich während des Essens nicht mit Lesen oder durch Gespräche ab.
7. Lassen Sie das Essen ein Fest für die Sinne sein: Gutes Aussehen, angenehmer Geruch und delikater Geschmack erleichtern die Verdauung.
8. Nahrung mit leichten und schweren Eigenschaften sollten in einem ausgewogenen Verhältnis sein. Vermeiden Sie Einseitigkeit.
9. Essen Sie nicht an einem ungemütlichen, lauten und schmutzigen Ort.
10. Essen Sie angemessene Mengen – nicht zu viel, aber auch nicht zu wenig.
11. Essen Sie nicht zu schnell, aber auch nicht zu langsam.
12. Mit etwas Süßem sollten Sie das Essen beginnen, die Hauptmahlzeit sollte wie allgemein üblich überwiegend sauer/salzig sein und gut gewürzt und zuletzt etwas Bitteres und/oder Zusammenziehendes.
13. Trinken Sie vor und während dem Essen, nicht direkt danach.
14. Vermeiden Sie schwer verträgliche Nahrungsmittel.

Die Entstehung von Giftstoffen (Ama)

Ama ist eine giftige Substanz, die bei einer unvollständigen Verdauung entsteht. Es verstopft sämtliche Kanäle (Shrotas) des Körpers, wie zum Beispiel Arterien, Venen,

Kapillaren, die Lymphe, aber auch alle anderen Mikrogefäße innerhalb und außerhalb der Zellen. Die Shrotas bilden die Infrastruktur des Organismus mit allen Verbindungen, in denen Nähr- wie Abfallstoffe transportiert werden. Durch einen gestörten Nährstoffaustausch wird das Gewebe nicht mehr ausreichend ernährt. Je mehr Ama entsteht, umso schwächer wird das Verdauungsfeuer Agni und umso schwieriger wird es für den Körper, diese ungesunden Ablagerungen auszuscheiden.

Die drei Ausscheidungen (Malas)

Die Entgiftung des Organismus ist eine wichtige Voraussetzung für die Gesundheit. Alle Stoffe, die vom Körper nicht weiterverarbeitet werden können, müssen ausgeschieden werden. Die drei großen Ausscheidungsorgane sind der Darm (Stuhl), die Nieren (Urin) und die Haut (Schweiß).

Daneben gibt es noch weitere Arten der Entgiftung in Form von Absonderungen über Augen, Nase, Mund, Ohren und den Genitalbereich. Sie sind jedoch sekundär und spielen hier keine Rolle.

Für eine gesunde Lebensweise ist es unerlässlich, täglich auf die drei Hauptausscheidungsprodukte zu achten. Doch auch Zeitpunkt, Art, Menge, Aussehen, Geruch und weitere Kriterien entscheiden über die Qualität der Ausscheidungen und geben Hinweise auf etwaige Störungen im Organismus. Dabei müssen jedoch auch konstitutionelle Unterschiede beachtet werden, da jede Konstitution von Natur aus verschiedene Merkmale aufweist.

Solange das Verdauungsfeuer Agni gut funktioniert und darin auch durch gute Ernährung unterstützt wird, fällt es dem Körper leichter, die Bildung von Giftstoffen zu vermeiden.

Ojas – der große Regenerator

Um Ojas im Gleichgewicht zu halten, beachten Sie folgende Prinzipien:

1. Vermeiden Sie chronischen Ärger, Stress, Hektik, Kummer und Sorgen und sorgen Sie dafür, in einem mentalen Gleichgewicht zu bleiben.
2. Halten Sie die Schlaf- und Ruhezeiten gemäß Ihrer Konstitution ein.
3. Achten Sie bei Ihrer Lebensführung auf die natürlichen Rhythmen.
4. Vermeiden Sie exzessiven Sexualverkehr.
5. Meiden Sie Drogen und hochprozentigen Alkohol sowie Extrem- und Ausdauersport.
6. Benutzen Sie täglich Nahrungsmittel wie Milch, Ghee, Honig, Mandeln, Datteln und Weintrauben, die Ojas unterstützen.
7. Vermeiden Sie denaturierte, konservierte Nahrung und Speisen aus der Mikrowelle.
8. Ölen Sie sich regelmäßig entsprechend Ihrer Konstitution mit Pflanzenölen ein.
9. Gehen Sie Ihren spirituellen Weg und widmen Sie sich Tätigkeiten, die Sie darin unterstützen.

Prana – Odem des Lebens

Der Atem steht in enger Verbindung zu unserem Geist. Jeder Gedanke beeinflusst unsere Atmung und umgekehrt. Wenn wir daher unsere Atmung bewusst trainieren, hat das einen beruhigenden, regulierenden Einfluss auf unsere Denktätigkeit.

Grundsätzlich sollten Sie darauf achten, dass Ihre Atmung ausgeglichen und tief ist. Sobald Sie oberflächlich und hauptsächlich im Brustbereich atmen, schöpfen Sie nicht die volle Kraft aus Ihrem Atem. Eine gesunde Atmung sollte vorwiegend im Bauchraum stattfinden. Dabei hebt sich die Bauchdecke beim Einatmen und senkt sich wieder beim Ausatmen. Durch diesen Vorgang werden alle Organe des Bauchraumes durch das Zwerchfell bewegt. Die Zwerchfellbewegung wirkt wie eine Massage auf die Organe und bessert den Säfte- und Lymphfluss im Bauchraum. Dies hat auf Dauer auch einen sehr positiven Effekt auf Ihre Verdauung.

IV. Ayurvedische Anwendungen im Alltag

Um die Harmonie der inneren Kräfte zu erhalten, müssen wir den Rhythmen der Natur folgen. Wir können uns der Wirkung der äußeren Kräfte um uns herum nicht entziehen. Eine Lebensführung, die Gesundheit und Zufriedenheit erhält und fördert, sollte dem natürlichen Rhythmus und unserer Konstitution gleichermaßen entsprechen.

Im Alltag ist es möglich, dies umzusetzen durch
- eine gesunde Lebensweise gemäß Konstitution, Alter, Jahres- und Tageszeit,
- eine gesunde und typgerechte Ernährung,
- eine konstitutionsgerechte Körperpflege und
- effektive Entgiftungs- und Verjüngungskuren.

Leben Sie gemäß Ihrem natürlichen Rhythmus

»Krankheiten fallen nicht vom Himmel. Sie sind das Resultat all der kleinen Sünden, die wir täglich begehen.«

Hippokrates

Der natürliche Tagesablauf beginnt am Morgen mit dem Aufstehen und endet am Abend mit dem Zubettgehen. Dazwischen liegen etwa 16 Stunden Aktivität. Was wir zu welcher Zeit am besten tun und was nicht, wird durch unsere körperliche und geistige Konstitution bestimmt.

Alles in der Natur verläuft in Zyklen – so auch unsere Körpervorgänge: Sie spulen sich nach den natürlichen Rhythmen ab wie eine innere Uhr.

Der konstitutionsgerechte Tagesablauf

Die Tri-Doshas haben einen 24-stündigen Rhythmus, bei dem sich die Doshas im Vierstunden-Takt abwechseln. In dieser vierstündigen Phase ist immer ein Dosha besonders und die beiden anderen weniger aktiv. Der Übergang von einer Phase in die nächste ist dabei natürlicherweise fließend, indem die Aktivität des einen Dosha langsam nachlässt und die des nächstfolgenden zunimmt. Der Höhepunkt der Aktivität ist etwa in der Mitte jeder Phase.

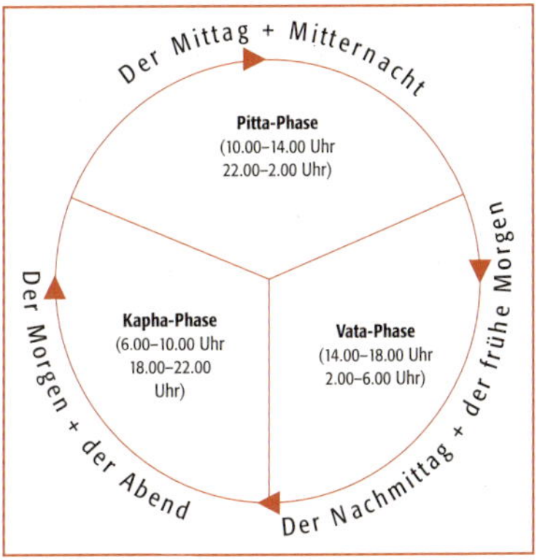

Der tägliche Zyklus der Tri-Doshas: **Die Dosha-Uhr**

Der Tagesablauf für Vata-Menschen

Aufstehen	Stehen Sie morgens auf, bevor die Kapha-Zeit beginnt, gegen 6.00 Uhr.
Körperpflege	Ölen Sie sich vor dem Frühstück mit Sesam-, Mandel- oder Olivenöl ein. Zum Duschen empfiehlt sich milde Seife, beispielsweise Mandelölseife.
Fitness	Empfehlenswert: Yogaübungen für den Lendenbereich und beruhigende Atemübungen.
Frühstück	Greifen Sie zu einem kräftigen Frühstück, zum Beispiel warme Milch, Frischkäse, Quark, Haferflocken, Nüsse.
Mittagessen	Ihr Mittagessen sollte ergiebig ausfallen: warm, wenig Salat und Rohkost; empfehlenswert: heißes Ingwerwasser; nach dem Mittagessen sollten Sie sich eine kurze Ruhepause gönnen.
Nachmittag	Unruhe und Hektik machen Ihnen jetzt besonders zu schaffen. Wählen Sie ruhige Tätigkeiten zu dieser Tageszeit, ein kleines Schläfchen verschafft Ihnen neue Energie. Ärgern Sie sich jetzt nicht darüber, dass Sie gerade nicht zu Höchstleistungen fähig sind. Anstrengende Termine oder Meetings legen Sie besser grundsätzlich auf den Vormittag, körperliche Anstrengung lieber auf die Zeit nach 18.00 Uhr. Ziehen Sie entspannende, beruhigende Tätigkeiten vor. Meiden Sie kalte, trockene, windige und klimatisierte Orte. Genießen Sie einen Aufenthalt in der Natur, wenn es Ihr Zeitplan erlaubt. Öfter mal abschalten und an etwas

	Schönes denken! Trinken Sie ausreichend, vor allem warme Getränke, verzichten Sie jedoch auf Kaffee; Süßspeisen und Früchte sind empfehlenswert.
Abend	Zum Abendessen bieten sich kräftigende Suppen, Toasts, Frischkäse, warme Milch oder Rotwein an.
Bewegung/Sport	Als Sportarten empfehlen sich Yoga, Gymnastik und leichte Fitness, die entspannt. Verzichten Sie möglichst auf Ausdauersport und körperliche Verausgabung. Ein warmes Bad nach dem Sport ist empfehlenswert.
Schlafenszeit	Ab 22.00 Uhr sollten Sie Ihrem Körper Ruhe gönnen und sich etwa acht Stunden für Ihren Schlaf Zeit nehmen. Zur Schlafförderung träufeln Sie etwas Mandelöl in die Nase und trinken warme Milch mit Rohrzucker.

Der Tagesablauf für Pitta-Menschen

Aufstehen	Stehen Sie auf, bevor die Kapha-Zeit beginnt, gegen 5.30 Uhr.
Körperpflege	Ölen Sie sich drei- bis viermal in der Woche, besonders an Scheitel und Fußsohlen, mit Kokos-, Sonnenblumen- oder Olivenöl ein. Empfehlenswert für die Körperreinigung ist Neemseife aus Neemextrakt: sie wirkt heilend auf die Haut.
Fitness	Empfehlenswert: Meditationen und Yogaübungen.

Frühstück	Ihr Frühstück sollte reichhaltig sein, damit Sie bis zum Mittagessen durchhalten. Kühlende Kräutertees, Toast mit Ghee und Quark, Haferflocken mit warmer Milch.
Mittagessen	Nehmen Sie die Hauptmahlzeit zwischen 12.00 und 13.00 Uhr ohne Stress und Ablenkungen wie Radio, Fernsehen oder Zeitung ein. Ihr Mittagessen sollte kühlende Eigenschaften aufweisen: viel Gemüse und Salat, bittere kühle Kräutertees, alkoholfreies Bier oder Mineralwasser. Meiden Sie scharf gewürzte und saure Nahrung, sowie rotes Fleisch und Alkohol sowie süße Desserts. Nach dem Mittagessen sollten Sie kurz entspannen.
Nachmittag	Kühlende Getränke, Süßspeisen und Früchte für zwischendurch. Vermeiden Sie Stress und Ärger. Versuchen Sie, immer wieder kurz zu entspannen.
Abend	Zum Abendessen empfehlen sich getoastetes Brot mit Ghee, Frischkäse und milde Getränke wie warme Milch, Kräutertees, etc.
Bewegung/Sport	Schwimmen und Radfahren entsprechen Ihrem Typ am besten. Verzichten Sie auf Sonne, Hitze und schweißtreibenden Sport, besonders unmittelbar vor und nach dem Essen. Meiden Sie Saunabesuche.
Schlafenszeit	Ab 22.30 Uhr sollte Ihre Nachtruhe beginnen. Träufeln Sie etwas Ghee oder Mandelöl in die Nase. Empfehlenswert: sieben Stunden Schlaf.

Der Tagesablauf für Kapha-Menschen

Aufstehen	Für Kapha-Menschen sind morgens und abends die schwersten Zeiten. Stehen Sie eine Stunde vor Beginn der Kapha-Phase auf, also um 5.00 Uhr.
Körperpflege	Führen Sie regelmäßig morgendliche Nasenspülungen mit Nasenöl durch. Einölen sollten Sie sich nur ein- bis zweimal im Monat mit Sonnenblumen-, Mais- oder Senföl. Nach dem Duschen oder Baden (vorzugsweise mit Neemseife) tut es Ihrer Haut gut, sich mit Kichererbsenmehl abzureiben. Geben Sie zu einer Hand davon ein paar Tropfen Wasser, bis alles zu einer Paste wird. Damit reiben Sie sich am ganzen Körper ein und spülen es unter der Dusche wieder ab.
Fitness	Kräftigende Yoga- und Atemübungen, Gymnastik und Bewegungsübungen vor dem Frühstück bringen Sie in Schwung und verhelfen Ihnen zu einem erfrischenden Start in den Tag. Grundsätzlich sollten Sie anstrengendere Fitnessübungen wählen.
Frühstück	Zum Frühstück sollten Sie nur leichte Kost zu sich nehmen, beispielsweise erhitzende Kräutertees und etwas Knäckebrot mit Honig. Vermeiden Sie kalte und süße Getränke am Morgen. Wenn Sie am Abend vorher spät gegessen haben, verzichten Sie auf das Frühstück und geben Sie Ihrem Körper Zeit, die Nahrung vom Vortag zu verarbeiten. Trinken Sie dann zur Entgiftung etwas heißes Wasser.

Mittagessen	Zu Mittag ist ein scharfes, warmes Essen mit wenig Fleisch und viel Gemüse zu empfehlen; dazu lauwarmes Honigwasser. Nach dem Mittagessen sollten Sie einen kleinen Spaziergang unternehmen.
Nachmittag	Nachmittags sollten Sie wenig trinken und nichts essen.
Abend	Essen Sie abends nicht zu spät und zu schwer; nehmen Sie zum Beispiel leichte Suppen und Knäckebrot mit Honig zu sich. Je weniger Ihre Verdauung nachts arbeiten muss, umso besser werden Sie sich am nächsten Morgen fühlen. Finger weg von spätabendlichen Knabbereien und Naschereien!
Bewegung/Sport	Alle Sportarten außer Schwimmen und Krafttraining tun Ihnen gut. Beim Sport sollten Sie Ihren Kreislauf so richtig in Schwung bringen – abends noch eine Runde joggen gehen ist für Sie ideal. Halten Sie Puls und Atem jedoch unter Kontrolle und überanstrengen Sie sich nicht.
Schlafenszeit	Um 23.00 Uhr sollten Sie sich schlafen legen. Zuvor empfiehlt es sich, gegebenenfalls noch einmal einige Tropfen Sesamöl oder bei Verschleimungen ein spezielles Nasenöl in die Nase zu träufeln. Sechs Stunden Schlaf müssten für Sie grundsätzlich ausreichen.

Ganzheitliche Ernährung

Wenn man weiß, wie man sich richtig zu ernähren hat, ist jede Medizin überflüssig.
Wenn man nicht weiß, wie man sich zu ernähren hat, kann auch die beste Medizin nicht helfen.

(Aus dem Sanskrit)

Die Ernährung hat im Ayurveda eine zentrale Bedeutung für die Gesundheit. Dabei versucht Ayurveda, die Dinge einfach und logisch zu erklären. Lassen Sie sich also am Anfang nicht von den vielen Bezeichnungen abschrecken, sondern gehen Sie davon aus, dass es viel einfacher ist, als Sie zunächst denken mögen.

Rasa – die sechs Geschmacksrichtungen

Rasa ist nichts anderes als der Geschmack, den eine Substanz im Mund entfaltet. Jedes Nahrungsmittel besteht zwar aus mehr als einem Geschmack, gemeint ist jedoch die im Mund dominierende Geschmacksrichtung. Im Ayurveda unterscheidet man sechs Geschmacksrichtungen, die wiederum aus den fünf Elementen zusammengesetzt sind und eine direkte Auswirkung auf die Tri-Doshas haben.

Der Geschmack und seine Wirkungen

Geschmack	Elemente	Einfluss auf die Tri-Doshas		Gunas (Eigenschaften)
Süß	Erde, Wasser	Kapha-Dosha	+	Kalt
		Pitta-Dosha	–	Schwer
		Vata-Dosha	–	Ölig
Sauer	Erde, Feuer	Kapha-Dosha	+	Heiß
		Pitta-Dosha	+	Leicht
		Vata-Dosha	–	Ölig
Salzig	Wasser, Feuer	Kapha-Dosha	+	Heiß
		Pitta-Dosha	+	Schwer
		Vata-Dosha	–	Ölig
Scharf	Luft, Feuer	Kapha-Dosha	–	Heiß
		Pitta-Dosha	–	Leicht
		Vata-Dosha	+	Trocken
Bitter	Luft, Raum	Kapha-Dosha	–	Kalt
		Pitta-Dosha	+	Leicht
		Vata-Dosha	+	Trocken
Zusammen-ziehend	Erde, Raum	Kapha-Dosha	–	Kalt
		Pitta-Dosha	–	Schwer
		Vata-Dosha	+	Trocken

Die Auswirkungen von Süß (Madhura)

Der Geschmack »Süß« ist der wichtigste von allen Geschmacksrichtungen, da er der einzige ist, der alle Körpergewebe und vor allem das Nervensystem stärkt. Süß besteht aus den beiden schweren Elementen Erde und Wasser. Es erhöht Kapha-Dosha und somit auch das Körpergewicht. Süß senkt Pitta-Dosha durch seine kühlenden, beruhigenden Eigenschaften und Vata-Dosha durch seinen aufbauenden und befeuchtenden Effekt.

Süße Nahrungsbeispiele:
Süßes Obst wie Mangos, Rosinen, Datteln, Feigen, Kokosnüsse, Nektarinen, Pfirsiche, süße Äpfel; Milch, Quark, Frischkäse, Sahne; Kartoffeln, Nudeln, Weizen, Reis, Eier, alle Nüsse.

Die Auswirkungen von Sauer (Amla)

Sauer erhöht Kapha-Dosha und Pitta-Dosha und senkt das Vata-Dosha stark. Es wirkt appetit- und verdauungsfördernd und sollte daher bei großen und schweren Mahlzeiten immer mit dabei sein. Saure Nahrungsmittel sollten jedoch nie im Übermaß, am Abend oder als alleinige Mahlzeit verzehrt werden, da sie Pitta-Dosha sehr stark erhöhen.

Saure Nahrungsbeispiele:
Alle Zitrusfrüchte wie Orangen, Zitronen, Kiwis, Ananas, Bananen, aber auch heimisches Obst wie Kirschen, Erdbeeren, weiße Trauben, Pflaumen, Tomaten und Hagebutten, saure Fruchtsäfte, Essig, sauer eingelegtes Gemüse, Sauerkraut, Joghurt, Sauermilch, Weißwein, saure Rotweine.

Die Auswirkungen von Salzig (Lavana)

Salz erhöht ebenfalls Kapha- und Pitta-Dosha. Es ist eine problematische Geschmacksrichtung, da es zwei entgegengesetzt wirkende Elemente (Feuer und Wasser) beinhaltet und negative Effekte auf das Blut hat. Zudem hat es eine Depotwirkung im Körper und sammelt sich leicht in den Körpergeweben an. Trotzdem sollte Salz nicht von Haus aus verteufelt werden, da es sehr günstige Wirkungen auf die Verdauung und Agni hat.

Nahrungsbeispiele für Salz und salzige Nahrungsmittel:
Steinsalz, Meersalz, Meerwasserfisch, Algen. Achten Sie auf verstecktes Salz in Sojasauce, klarer Gemüse- oder Fleischbrühe, vielen Gewürzmischungen, Konserven und Fertiggerichten.

Die Auswirkungen von Scharf (Katu)

Scharf hat einen allgemein abbauenden Effekt auf den Körper und erhöht die Blutungsneigung. Man sollte es daher nicht in hohen Dosen und längeren Zeiträumen essen. Aber durch ihre vielen guten Eigenschaften ist die scharfe Geschmacksrichtung besonders im Winter in der täglichen Ernährung sehr wichtig.

Scharfe Nahrungsbeispiele:
Viele Gewürze wie Ingwer, Pfeffer, Chili, Senf, Zwiebeln, Knoblauch, Asafoetida, Basilikum, Majoran, Thymian, Muskatnuss, Liebstöckel, Anis, Zimt. Alkohol (je hochprozentiger, umso schärfer), Papaya, Schwarztee, Pfefferminze und Matetee. Alter Käse ist scharf, aber schwer – im Gegensatz zu den anderen scharfen Nahrungsmitteln.

Die Auswirkungen von Bitter (Thiktha)

Früher hieß es immer: Medizin muss bitter schmecken. Und das stimmt auch, denn keine Geschmacksrichtung deckt ein so großes therapeutisches Feld ab wie die bittere. Man sollte aber keine großen Mengen bitterer Nahrung einnehmen, da sie Vata-Dosha erhöht und somit schwächt.

Bittere Nahrungsbeispiele:
Viele Gemüsesorten wie Artischocke, Rucola, Endivien, Chicorée, Sellerie, grüner Tee, Kaffee, reiner Kakao (ohne Zucker), viele Heilpflanzen wie Löwenzahn, Kamille, Schafgarbe, Enzian, Tausendgüldenkraut. Gemüse ist meistens bitter und gleichzeitig zusammenziehend. Daher ist eine genaue Zuordnung zu einer Geschmacksrichtung oft nicht eindeutig möglich.

Die Auswirkungen von Zusammenziehend (Kashaaya)

Zusammenziehend oder herb ist eine Geschmacksrichtung, die uns auf den ersten Blick weniger bekannt vorkommen mag. Vielleicht kennen Sie jedoch den Effekt, wenn Sie eine Brombeere im Mund kauen und Ihnen danach sprichwörtlich »die Spucke wegbleibt«. Dann wissen Sie, was mit zusammenziehend gemeint ist. Ähnlich wie »Bitter« erhöht »Zusammenziehend« Vata-Dosha und sollte nicht im Übermaß gegessen werden.

Nahrungsbeispiele für »Zusammenziehend«:
Alle Kohlsorten wie Rosen-, China-, Blumen- und Grünkohl sowie Kohlrabi, Brokkoli, Mangold, Mais, Brennnessel, Brombeeren, Stachelbeeren, Blaubeeren, Bohnen, Linsen, Wacholderbeeren, Schlehen, Buttermilch.

Virya – die energetische Potenz

Neben dem Geschmack ist die Aktivität oder Potenz eines Nahrungsmittels von Bedeutung. Wenn Sie etwas essen, nehmen Sie den Geschmack mit der Zunge wahr. Wenn Sie es schlucken, gelangt die Nahrung in den Magen und entfaltet dort ihre Aktivität (Virya). Hierbei geht es nun um die Frage: Hat die Nahrung eine erhitzende oder kühlende Aktivität?

Alles Kalte, das Sie zu sich nehmen, kühlt den Körper, alles Heiße erhitzt ihn. Mit Virya ist aber nicht nur die Temperatur eines Nahrungsmittels gemeint. Es gibt Substanzen, die eine von Natur aus erhitzende Wirkung entfalten oder eine grundsätzlich kühlende. Erhitzende Nahrungsmittel erhöhen Pitta-Dosha, kühlende Nahrungsmittel senken es.

Es gibt einige wenige Nahrungsmittel und Heilpflanzen, die eine Ausnahme bilden: Gelbwurz (Kurkuma), ein beliebtes Gewürz der indischen Küche, schmeckt bitter und hat trotzdem ein erhitzendes Virya. Gewürznelke und langer Pfeffer schmecken scharf, sind jedoch kühlend. Die Zitrone ist sauer, kühlt aber trotzdem, was man am Zitronenwasser erkennt, das bei Hitze angenehm erfrischt.

> Sauer, salzig und scharf haben ein erhitzendes Virya.
> Süß, bitter und zusammenziehend haben dagegen ein kühlendes Virya.

Vipaka – der Geschmack nach der Verdauung

Die sechs Geschmacksrichtungen nehmen Sie unmittelbar wahr, wenn Sie ein Nahrungsmittel in den Mund nehmen. Die Aktivität (Virya) einer Substanz spüren Sie nach dem Schlucken an seiner erhitzenden oder kühlenden Wirkung. Ayurveda beschreibt jedoch noch eine weitere Wirkung: den Geschmack nach der Verdauung (Vipaka). Vipaka ist also der Effekt, den ein Geschmack nach der Verdauung im Körpergewebe bewirkt.

Ein Nahrungsmittel wird definiert durch
- seinen Geschmack (Rasa),
- seine energetische Potenz (Virya) und
- seine Wirkung nach der Verdauung (Vipaka).

Von den sechs Geschmacksrichtungen (Rasa) bleiben nach der Verdauung noch drei Wirkungen übrig: Süß, sauer und scharf.

Geschmack (Rasa)	Geschmack nach der Verdauung (Vipaka)
Süß und salzig	Süße und salzige Nahrung hat eine süße Wirkung in den Körpergeweben; sie wirkt aufbauend, regenerierend, beruhigend und stärkend. Im Übermaß entstehen daraus

	Kapha-Störungen wie Übergewicht, Diabetes, Ödeme, Verfettung und Arteriosklerose.
Sauer	Saure Nahrung wirkt sauer im Körpergewebe und führt zur Säurebildung. Zu viel saure Nahrung kann Sodbrennen, Magen- und Darmgeschwüre sowie Haut- und Blutkrankheiten verursachen.
Scharf, bitter, zusammenziehend	Scharfe Nahrung hat eine scharfe Wirkung in den Körpergeweben, das heißt abbauend, trocknend und reinigend. Im Übermaß verzehrt reduziert sich dadurch die Kraft und die Ausdauer, die Konzentration und Jugendlichkeit. Chronische Beschwerden, Schlaflosigkeit und Schwäche, den typischen Vata-Störungen, wird dadurch Vorschub geleistet.

Gunas – die Eigenschaften unserer Nahrung

Wie jede Substanz so hat auch jedes Nahrungsmittel nicht nur Wirkungen (Karma), sondern auch Eigenschaften (Gunas). Für die tägliche Ernährung sind dabei insbesondere zwei Eigenschaften wichtig: schwer und leicht.

Schwere Nahrungsmittel sind schwer verdaulich und belasten das Verdauungsfeuer Agni. Dafür erhöhen sie Kapha-Dosha und stärken den Körper. Leichte Nahrungsmittel sind leicht verdaulich und stärken Agni. Sie erhöhen Pitta- und Vata-Dosha und schwächen den Körper.

Ob ein Nahrungsmittel schwer oder leicht ist, lässt sich im Grunde relativ leicht ermitteln. Sie sollten beide Gunas immer in einem ausgeglichenen Verhältnis zueinander mischen.

> Wenn Sie eine schwere Mahlzeit zu sich nehmen, sollten Sie nur zwei Drittel von der Menge essen, die Sie normalerweise essen würden.

Faktoren, die ein Essen schwer machen:	**Faktoren, die ein Essen leicht machen:**
• Kälte • Feuchtigkeit • rohe Nahrung • große Mengen • aufgewärmtes Essen • konserviertes Essen (Dosen) • süße Speisen, außer Honig	• Wärme • Trockenheit • Kochen • geringe Menge • Würzen • frisch zubereitete Nahrung

Beispiele für schwere : Nahrungsmittel	**Beispiele für leichte Nahrungsmittel:**
Grundsätzlich süße, salzige und zusammenziehende Nahrungsmittel. Alle Milchprodukte (außer Buttermilch),	Grundsätzlich Nahrung mit scharfem, bitterem und saurem Geschmack. Alle Bohnen (außer

Fleisch (besonders Rind- und Hammelfleisch), Eier, Fisch, Rohkost, Pilze, Kartoffeln, Spinat, Vollkornprodukte, Weizen, Wurzelgemüse (außer Yamswurzel), alle Öle, die meisten junger Honig (jünger als sechs Monate), alle Nüsse, tiefgefrorene, mehrmals aufgewärmte oder länger aufbewahrte Speisen und Nahrung aus der Mikrowelle sowie Wasser aus Seen und stehenden Gewässern.

Soja), Erbsen, Linsen, Mais, Gurken, Popcorn, Puffreis, Toastbrot, Knäckebrot, Zwieback, Yamswurzel (Süßkartoffeln), Kichererbsen, Buttermilch, Trockenfrüchte, Granatäpfel, Lammfleisch, praktisch alle scharfen Gewürze, Honig (älter als 6 Monate) und Quell- und Flusswasser.

Die Ernährung und die Konstitutionen

Ayurveda empfiehlt grundsätzlich eine Ernährungsweise, die der individuellen Konstitution entspricht:

- Vata-Konstitution: eher süße, saure und salzige Nahrung
- Pitta-Konstitution: vermehrt süße, bittere und zusammenziehende Nahrung
- Kapha-Konstitution: tendenziell scharfe, bittere und zusammenziehende Nahrung

Bei den Mischkonstitutionen sieht die Sache etwas schwieriger aus. Die Vata-Pitta-Konstitution müsste demnach in erster Linie süße Nahrung essen, die Pitta-Kapha-Konstitution immerhin noch bittere und zusammenziehende Nahrung, aber was bleibt dann eigentlich für die Vata-Kapha-Konstitution übrig? Süß, sauer und salzig funktioniert nicht, weil es Kapha-Dosha erhöht, und scharf, bitter und zusammenziehend wäre ebenso wenig empfehlenswert, weil es Vata-Dosha erhöht! Also am besten gar nichts mehr essen?

Sie sehen, dass die Ernährung allein nur nach der Konstitution nicht der Weisheit letzter Schluss ist – so hat es Ayurveda auch nie gemeint. Aber in vielen westlichen Büchern wird hauptsächlich nur über diesen einen Aspekt ayurvedischer Ernährung geschrieben. Diese grobe Vereinfachung ist schlichtweg falsch! Erstens ist die Gefahr, dass Sie sich falsch beurteilen und eine falsche Konstitution bestimmen, recht groß, und zweitens ist die Wahrscheinlichkeit hoch, dass Sie sich durch bisherige Fehlernährung oder falsche Lebensweise nicht mehr in Ihrer Konstitution befinden. Beide Fehlerquellen führen dazu, dass Sie Ihrer Gesundheit mit einer zu einseitigen Ernährung einen denkbar schlechten Dienst erweisen.

> Die Ernährung gemäß der Konstitution ist eine von vielen Kriterien der ayurvedischen Ernährungslehre und bestenfalls eine Orientierung. Lösen Sie sich daher von jeder wie auch immer gearteten starren Ernährungsideologie.

Behalten Sie daher Ihre Konstitution, die Sie herausgefunden haben, im Auge und orientieren Sie sich daran in der täglichen Ernährung – aber halten Sie auf keinen Fall einseitig oder dogmatisch daran fest. Lassen Sie in Ihrer konstitutionellen Ernährung genügend Spielraum für Flexibilität, sodass Sie jederzeit jahreszeitlichen und klimatischen Veränderungen sowie akuten körperlichen Störungen Rechnung tragen können.

> Nehmen Sie jeden Tag alle sechs Geschmacksrichtungen zu sich!

Jahreszeit und Klima

Passen Sie Ihre Ernährung dem jeweiligen Klima und der Jahreszeit an. Wenn Sie ein Vata-Typ sind, sollten Sie besonders im Herbst oder bei trockenkaltem Wetter darauf achten, nur sehr wenig Vata-provozierende Nahrung zu essen. Wenn Sie sich eher als Pitta-Typ sehen, meiden Sie vor allem im Sommer oder bei großer Hitze Pitta-provozierende Nahrung. Und als Kapha-Typ sollten Sie im Winter, Frühling und bei feuchtkaltem Wetter nur geringe Mengen Kapha-provozierendes Essen zu sich nehmen.

Akute körperliche Störungen

Das wichtigste Kriterium für Ihre Ernährung ist Ihr Allgemeinbefinden. Wenn Sie unter akuten Vata-Störungen leiden – und das kann durchaus auch einmal bei Kapha-Typen der Fall sein –, spielt es nur eine untergeordnete Rolle, welche Konstitution Sie haben. Sie müssen dann die Vata-Dosha-provozierende Nahrung deutlich einschränken. Dasselbe gilt für alle Störungen, die durch die beiden anderen Doshas hervorgerufen werden. Was für einen Sinn sollte auch eine ayurvedische Ernährung haben, wenn Sie an Ihrer Pitta-Ernährung festhalten müssten, obwohl Sie an einer Erkältung leiden? Das Dosha, das bei einer Erkältung zu hoch ist, ist vor allem das Kapha-Dosha – und das behandeln Sie am besten mit scharfen, schleimreduzierenden Nahrungsmitteln wie Ingwer oder schwarzem Pfeffer.

> Wenn Sie unter akuten körperlichen Störungen leiden, sollten Sie mit Ihrer Ernährung das Dosha beruhigen, das im Moment erhöht ist.

Eine gesunde Ernährung – darauf sollten Sie achten!

1. Behalten Sie Ihre Konstitution als groben Richtungsweiser im Hinterkopf, damit Sie grundsätzlich wissen, welche Nahrungsmittel für Sie förderlich und welche weniger anzuraten sind. Das Dosha, das in Ihnen vorherrscht, sollte stets beruhigt und reduziert werden.
2. Achten Sie auf Beschwerden, Störungen oder gar Krankheitszeichen und steuern Sie mit Ihrer Ernährung dagegen. Wenn Sie zum Beispiel wiederholt unter Schnupfen oder Husten leiden, dann wird es höchste Zeit, den Konsum von süßen, kalten, feuchten und schweren Speisen zu reduzieren. Wenn Sie Sodbren-

nen haben, wäre es unklug, weiterhin saure Nahrungsmittel wie Weißwein, Zitrusfrüchte, Tomaten oder Essig zu sich zu nehmen.
3. Beobachten Sie täglich Ihre Ausscheidungen (Malas). Ein- bis zweimal am Tag Stuhl, fünf- bis sechsmal täglich Urin und etwas geruchloser Schweiß bei körperlicher Anstrengung sind normal.
4. Beobachten Sie Ihren Allgemeinzustand. Wie steht es um Ihre Energie, Ihre Gemütsverfassung, Ihren Schlaf? Fühlen Sie sich glücklich oder ist alles so furchtbar schwer? Achten Sie mehr darauf und ändern Sie Essgewohnheiten, die Ihnen nicht gut tun.
5. Denken Sie vor allem daran, Ihre Nahrung immer Ihrem Verdauungsfeuer anzupassen. Wenn es gestern schweren Gänsebraten gab, dann sollte es heute nicht schon wieder Schweinshaxe geben. Essen Sie nicht zu viel Schweres oder Kaltes, damit Ihr Verdauungsfeuer gut brennen kann. Wenn Sie Verdauungsprobleme haben, weil Sie zu viel genascht haben, gönnen Sie sich und Ihrem Körper einen Tag Ruhepause mit Fasten und Trinken von heißem Wasser.

Die Konsistenz der Nahrung

Die Konsistenz der Nahrung übt ebenfalls eine Wirkung auf den Körper aus. Man unterscheidet

- harte Nahrungsmittel, die intensiv gekaut werden müssen (Brot, Rohkost, Nüsse),
- weiche Nahrungsmittel, die leicht gekaut werden können (eingeweichtes Müsli, Bohnen und Fleisch),

- schleimige Nahrungsmittel, die im Mund zergehen (Joghurt, Eis) und
- flüssige Nahrungsmittel, die getrunken werden (Sirup, Suppen und Getränke).

Harte Nahrungsmittel machen auch den Körper hart und sind gut für die Festigkeit der Knochen, Zähne und Gewebe. Im Übermaß gegessen, lassen sie jedoch den Körper spröde, unflexibel und unbeweglich werden. Da harte Nahrung meist aus Rohkost besteht, ist sie zudem schwer verdaulich.

Flüssige Nahrung dagegen macht weich, glücklich, nährt und beruhigt. Im Übermaß zu sich genommen, lässt sie die Körpergewebe zu weich und schwammig werden, sodass sie ihre Festigkeit und ihren Halt verlieren.

> Da der Körper aus unterschiedlich harten und weichen Körpergeweben besteht, ist es ratsam, alle vier Konsistenzen in einem ausgeglichenen Verhältnis zu sich zu nehmen.

Unverträgliche Nahrungsmittel

Es gibt einige Nahrunsgmittel, die man laut Ayurveda nicht kombiniert essen sollte, da ihre Eigenschaften und Wirkungen gegensätzlich und ungünstig sind. Aus dem Verzehr dieser Nahrungsmittel entstehen trotz gutem Agni große Mengen von Ama. Dazu gehören:

- Kalte Milch, kalte Milcheisprodukte, wie Milchshakes oder Eiscreme
- Kombinationen von Milchprodukten mit Früchten, beispielsweise Fruchtjoghurt, Fruchtquark, Frucht-Milchshakes oder Erdbeeren mit Sahne
- Kombinationen von Alkohol mit Früchten, beispielsweise Bowle und Cocktails
- Mischungen unterschiedlicher Obstsorten (Obstsalat)
- Kombinationen von Fisch, Rettich oder salziger Nahrung mit Milchprodukten oder Honig
- Kombinationen von Joghurt mit Rind- oder Hühnerfleisch
- Kombinationen von Honig mit Fisch oder Fleisch von Tieren aus Feuchtgebieten (Moor, Sumpf)
- Kombinationen von Honig mit Ghee zu gleichen Teilen

Die drei »heiligen« Nahrungsmittel

Es gibt sie doch: die drei heiligen Nahrungsmittel, die für jedermann gesund sind und täglich eingenommen werden sollten. Jedes der drei heiligen Nahrungsmittel hat einen speziellen Bezug zu einem bestimmten Dosha, das heißt, es hat die Fähigkeit, eines der drei Doshas unter Kontrolle zu bringen. Außerdem sind alle drei verjüngende Nahrungsmittel (Rasayana), unterstützen die essenzielle Lebensenergie Ojas und stärken die mentale Energie Sattva.

Milch

Milch ist das Nahrungsmittel für Vata-Dosha, da es dieses am besten beruhigt.

Von allen Arten der Milch gilt die Kuhmilch als die beste und wirksamste. Aber auch Ziegenmilch, die leichter bekömmlich ist, hat sehr gute Eigenschaften und kann bei Kuhmilchallergie als Alternative eingesetzt werden. Sojamilch dagegen ist ein relativ wertloses Nahrungsmittel und daher nicht empfehlenswert. Milch darf nur warm getrunken werden, da sie sonst für den Körper unverdaulich wird und viele Krankheiten provozieren kann.

Milch

- ist Kapha-erhöhend, Vata-, Pitta-senkend;
- ist nährend, aufbauend, stärkend;
- stärkt Nerven und Geist;
- erfrischt und befeuchtet Körper und Haut;
- erhöht die Fruchtbarkeit;
- verhindert vorzeitige Alterung (Rasayana);
- beruhigt den Geist;
- lindert Entzündungen;
- ist sattvisch, fördert somit die Intelligenz und macht glücklich;
- wird oft mit stärkenden Heilpflanzen zusammen eingenommen, um ihre Wirkung zu erhöhen.

Ghee

Ghee ist das Nahrungsmittel für Pitta-Dosha, da es dieses am besten beruhigt.

Ghee ist geklärtes, gut durchgekochtes Butterschmalz. In Indien wird Ghee ziemlich aufwändig aus Milch und frischem Joghurt hergestellt. Da unsere Butter jedoch von sehr hoher Qualität ist, können wir Ghee bequem aus Sauerrahmbutter auskochen. Je älter das Ghee, umso stärker seine therapeutischen Wirkungen. Ghee wird als Ersatz für Öle zum Kochen und Braten sowie als Buttereratz verwendet. Es ist außerhalb des Kühlschranks praktisch unbegrenzt haltbar.

Ghee

- ist Kapha-erhöhend, Vata-, Pitta-senkend;
- ist nährend, aufbauend, stärkend;
- ist relativ leicht, stärkt Agni und die Verdauungskraft;
- kühlt den Körper, wirkt fiebersenkend;
- befeuchtet und ölt Körper und Haut;
- wirkt wundheilend und entgiftend;
- erhöht die Fruchtbarkeit;
- verhindert vorzeitige Alterung (Rasayana);
- beruhigt den Geist;
- ist sattvisch, fördert Intelligenz und Gedächtnis;
- wird verkocht mit Heilpflanzen bei vielen Krankheiten eingesetzt.

Honig

Honig ist auch bei uns von alters her ein geschätztes Lebensmittel. Er kontrolliert das Kapha-Dosha am stärksten und beruhigt. Honig sollte aber mindestens sechs Monate alt sein und wirkt, je älter er ist, umso beruhigender auf Kapha-Dosha. Alter Honig zusammen mit lauwarmem Wasser senkt das Körpergewicht. Achten Sie besonders auf eine hohe Qualität.

Im Ayurveda heißt es: Täglich ein Löffel Honig hält einen Menschen gesund.

Honig sollte niemals erhitzt werden. Interessanterweise wissen dies die Imker, nicht aber die meisten Therapeuten. Wenn man nämlich Honig erhitzt oder in heiße Getränke gibt, werden erstens seine vielen wertvollen Inhaltsstoffe zerstört und zweitens giftige Stoffe freigesetzt, die die Bienen beim Sammeln mitnehmen. Honig wird also giftig, wenn er erhitzt ist.

Honig

- ist Kapha-senkend, Vata- und Pitta-ausgleichend;
- erhöht den Appetit;
- ist ätherisch – entfaltet schnell seine Wirkung;
- trocknet überschüssige Feuchtigkeit im Körper;

- ist leicht verdaulich;
- verbessert die Stimme;
- klärt und reinigt Körper und Geist;
- ist sattvisch, fördert Intelligenz und Klarheit;
- wird oft zusammen mit Heilpflanzen eingenommen, weil er ihre Wirkung verstärkt.

Die ayurvedische Küche

Viele Menschen fühlen sich angesichts der zahlreichen neuen Denkansätze mit der ayurvedischen Küche am Anfang etwas überfordert. Fremdartige Begriffe, exotische Gewürze und Heilpflanzen sowie unbekannte Zubereitungsarten können zu einer gewissen Verwirrung führen. Eines sei jedoch vorweggenommen: Ayurvedische Ernährung bedeutet nicht, alle bisherigen Nahrungsmittel und Essgewohnheiten einfach über den Haufen zu werfen und ausschließlich indische Nahrung zu sich zu nehmen! In den ayurvedischen Schriften wird ausdrücklich betont, dass die Nahrung, die natürlicherweise in einer Region vorkommt, die beste für die dort lebenden Menschen ist. Exotische oder importierte Nahrungsmittel sind nur zweite Wahl und sollten nicht den Hauptbestandteil der Ernährung ausmachen.

Allgemein gilt: Je frischer die Nahrung, umso gesünder! Gelagerte oder tiefgefrorene Kost ist nicht empfehlenswert. Wir leben jedoch in einer Welt, in der importierte Nahrung zum Alltag gehört. Es ist für uns selbstverständlich, dass Zitrusfrüchte das ganze Jahr über zu haben sind, dass man Erdbeeren im Winter kaufen kann und Salate im Treibhaus gezüchtet werden. Ayurvedische Ernährung bedeutet schlicht natürliche Ernährung! Je mehr Sie sich wieder dem natürlichen Zyklus unserer Kulturpflanzen annähern, umso leichter wird es Ihrem Körper fallen, in sein Gleichgewicht zu kommen. Dabei sollte die natürliche Ernährung eine Orientierung für Sie sein, keineswegs ein Dogma. Es ist kein Problem, exotische Nahrungsmittel zu sich zu nehmen, man sollte es aber auch nicht damit übertreiben.

Ich habe mich bei der Auswahl der ayurvedisch wertvollen Nahrungsmittel hauptsächlich auf die Gewürze beschränkt. Wir verfügen zwar ebenfalls über einige heimische Küchenkräuter, aber die nachfolgend beschriebenen Gewürze stellen eine gesunde Ergänzung dazu dar. Sie wirken kurzzeitig als Aktivatoren unserer Verdauung und reichern sich im Gegensatz zu den Nahrungsmitteln nicht im Körper an, sondern entfalten nur ihre Energie, um unsere Verdauungsenzyme anzuregen.

Wertvolle Gewürze und Zutaten

Asafoetida (Stinkasant, Teufelsdreck)

Asafoetida ist ein Harz, das mit anderen Bestandteilen zusammen als hochwirksames Pulver gegen Blähungen und Koliken hilft. Es schmeckt nur leicht scharf und relativ unaufdringlich. Menschen mit feiner Nase werden jedoch vom Geruch des Pulvers alles andere als begeistert sein; man gebraucht es daher nur in geringen Mengen. Asafoetida ist für Vata- und Kapha-Konstitutionen sehr gut geeignet und sollte Speisen zugesetzt werden, die Blähungen erzeugen, wie Bohnen-, Erbsen-, Linsen- und schwer verdaulichen Fleischgerichten.

Chili (Cayennepfeffer)

Chili ist mit größter Vorsicht zu genießen. Er gehört – wie Senf und Rettich – zu den Gewürzen mit der größten Schärfe und kann bei magenempfindlichen Menschen schon in kleinen Dosen zu Beschwerden führen. Chili stärkt das Verdauungsfeuer Agni und regen den Speichelfluss stark an. Pitta-Konstitutionen ist von seinem Gebrauch abzuraten. Äußerlich kann man Chili bei vielen Schmerzzuständen wie Hexenschuss und Ischialgie mit etwas Öl auftragen. Er führt jedoch bei empfindlichen Menschen schnell zu Hautrötungen und Reizungen. Chili ist vielen indischen Gewürzmischungen wie Currys und Masalas in geringen Mengen beigesetzt und gehört zu den typischen asiatischen Gewürzen.

Fenchelsamen

Die therapeutische Wirkung von Fenchel in Teeform ist auch bei uns seit langem bekannt. Fenchel stärkt die Verdauung und hilft gegen Blähungen und Koliken, besonders bei Säuglingen. Er unterstützt die Bildung von Muttermilch und ist allgemein kräftigend und ausgleichend. Da Fenchel eine kühlende Wirkung hat, ist er für Pitta-Konstitution bestens geeignet. Ein Teelöffel gerösteter Fenchel nach dem Essen bessert die Verdauung und wird in Indien in den meisten Restaurants serviert. Er verringert unangenehmen Mundgeschmack und -geruch.

Galgant

Galgant wird oft als thailändischer Ingwer bezeichnet und ist ihm in seiner Wirkungsweise auch tatsächlich sehr ähnlich. Er steigert die Verdauungstätigkeit und ist bei Hals- und Rachenentzündungen sehr wohltuend. Daher bei Halsproblemen einfach mehrmals am Tag auf einem kleinen Stück Galgantwurzel herumkauen. Zum Essen schneidet man die Wurzel in kleine Stücke und lässt sie einfach mit der Mahlzeit mitkochen.

Gelbwurz (Kurkuma)

Gelbwurz ist ein so wichtiges Gewürz, dass es an keinem Hauptgericht fehlen sollte. Es schmeckt kaum scharf, aber etwas bitter, stärkt aber die Verdauung und entgiftet den Organismus. Dabei ist es für alle drei Konstitutionen sehr gut geeignet. Kurkuma hat große Wirkungen auf die Reinigung des Blutes und der Körpersäfte. Es wird auf blutende Wunden aufgetragen, da es desinfizierend, entzündungshemmend und blutstillend ist. Auch bei vielen Hautkrankheiten und Entzündungen kann man es als Pulver auftragen und einnehmen.

Gewürznelken

Gewürznelken werden bei uns zusammen mit Anis gern in der Weihnachtszeit für Gebäck und Glühwein verwendet. Man kann damit auch Reisgerichte, zusammen mit Kardamom, verfeinern. Die Nelke ist ein sehr aromatisches Gewürz, das positiv auf die Atemwege und die Verdauung wirkt und den Körper von Giftstoffen befreit. Gewürznelken sind durststillend und senken Kapha- und Pitta-Dosha. Sie sind Bestandteil des so genannten Yogitees.

Ghee

Ghee (siehe auch Seite 91) spielt in der ayurvedischen Ernährung eine herausragende Rolle: Viele Speisen werden damit zubereitet. Es ist bekömmlicher und leichter als Butter, ist hitzestabil und besser geeignet zum Erhitzen und Braten als alle Pflanzenöle. Besonders Pitta-Konstitutionen sollten keine heißen Pflanzenöle essen, da sie Pitta-Dosha erhöhen. Kühle Pflanzenöle in Salaten dagegen eignen sich auch für Pitta-Konstitutionen, solange es sich dabei nicht um erhitzende Öle wie Sesam- oder Senföl handelt. Ghee erhöht das Verdauungsfeuer Agni, senkt aber Pitta-Dosha, auch wenn es warm verzehrt wird.

Zubereitung:
Mindestens ein Kilogramm hochwertige Sauerrahmbutter erhitzen, auf mittlerer Flamme knapp eine Stunde lang köcheln lassen und nur am Anfang, bis die Butter vollständig geschmolzen ist, mit einem Holzlöffel umrühren. Beim Kochen der Butter entstehen große Mengen von Schaum, die abgeschöpft werden können. Dadurch wird das Ghee noch reiner. Mit der Zeit setzt sich am Topfboden ein weißer, dicker Belag ab. Wenn sich dieser weiße Belag braun zu färben beginnt und das flüssige Ghee eine goldgelbe Farbe annimmt, den Topf vom Herd nehmen und etwas abkühlen lassen. Danach das fertige Ghee durch einen Stofffilter seihen und in einem verschließbaren Glas- oder Metallbehälter aufbewahren. Ghee können Sie praktisch unbegrenzt außerhalb des Kühlschranks aufbewahren, ohne dass es schlecht wird. Je älter das Ghee ist, umso besser wird es. Ghee, das jahrelang gelagert wurde, bekommt mit der Zeit eine rötliche Färbung.

Ghee ist ein Tonikum und Verjüngungsmittel par excellence. Hochwertiges Ghee erhalten Sie, wenn Sie es in reinen Gold- oder Silberbehältern kochen und aufbewahren.

Ingwer

Ingwer gehört zu den wirksamsten Gewürzen und Heilpflanzen des Ayurveda. Er ist ein Tonikum für Agni, beseitigt Giftstoffe (Ama), hilft gegen Völlegefühl, Übelkeit, Blähungen, Durchfall und Hämorrhoiden. Ingwer reinigt die Körpersäfte, stärkt die Abwehrkraft und ist zum Einsatz gegen Erkältungen und Verschleimungen hervorragend geeignet. Er hat auch eine antivirale (gegen Viren gerichtete) Wirkung. Ingwer empfiehlt sich für Vata- und Kapha-Konstitutionen, aber auch für Pitta-Konstitutionen in der feuchtkalten Jahreszeit.

Jaggery (roher Palmzucker)

Jaggery ist getrockneter, roher Palmzucker. Er hat einen karamellartigen Geschmack und gibt dem Essen eine köstliche, süßliche Note. Er ist kräftigend, aufbauend, Blut bildend und ein Tonikum für das Herz. Er empfiehlt sich besonders für Vata- und Pitta-Konstitutionen und ist eine gute Ergänzung zum Essen. Kapha-Konstitutionen sollten sich jedoch mit dem Gebrauch von Jaggery etwas zurückhalten, da er Kapha-Dosha erhöht. Jaggery ist auch hervorragend zum Süßen von Tees oder warmer Milch geeignet.

Grüner Kardamom

Kardamom ist ein im Ayurveda häufig benutztes Gewürz. Mit seinem süßlichen Geschmack verfeinert er viele Gerichte, senkt alle Doshas und ist somit auch für Pitta-Dosha geeignet. Er reinigt zudem den Verdauungstrakt und stärkt Agni. Kardamom ist hilfreich gegen Mundgeruch, schlechten Mundgeschmack und Appetitlosigkeit und häufiger Bestandteil so genannter Yogiteemischungen.

Sie sollten die ganzen Bohnen benutzen und vor dem Würzen mit einem Mörser zermahlen. Eine Prise Kardamompulver verleiht dem Kaffee einen interessanten Geschmack und gleicht seine negativen Wirkungen aus. Schwangere sollten ihn jedoch nicht zu sich nehmen, da er die Gefahr einer Fehlgeburt erhöhen kann.

Koriander

Koriander ist das beste Gewürz für Pitta-Konstitutionen, da es eine sehr kühlende Wirkung hat. Er ist durststillend, stärkt die Verdauung und hilft bei allerlei Störungen im Magen-Darm-Trakt. Koriander ist Bestandteil vieler indischer Currymischungen.

Ein sehr gutes Pitta-Getränk im Sommer ist folgender kühl zu trinkender Tee:

20g Koriander
20g Kreuzkümmel
1l Wasser

Den Koriander und den Kreuzkümmel in das Wasser geben und 20 Minuten kochen.

Kreuzkümmel

Der Kreuzkümmel ist von der Wirkung her mit dem gewöhnlichen Kümmel vergleichbar. Im Geschmack unterscheidet er sich allerdings von ihm, ist aber nicht minder intensiv. Er ist in der indischen Küche allgegenwärtig und wird vielen Gerichten beigemischt. Kreuzkümmel wird auch gern zusammen mit Reis gekocht. Er wirkt intensiv auf den Verdauungstrakt und ist auch für Pitta-Konstitutionen im Allgemeinen gut verträglich. Bei Durchfällen und Ama-Zuständen ist Kreuzkümmel ein Spezifikum.

Muskatnuss

Die Muskatnuss ist mittlerweile auch in Deutschland ein beliebtes Gewürz. Sie stärkt die Verdauung und ist besonders bei Durchfall sehr hilfreich. Muskat wird auch als Aphrodisiakum und bei frühzeitigem Samenerguss eingesetzt.

> Vorsicht: Zu viel Muskatnuss führt zu Rauschzuständen, Schwindel und Fehlgeburten!

Neemblätter

Neemblätter werden die großen Heiler aller Leiden genannt. In Indien ist es oft noch üblich, jeden Tag ein Neemblatt zu kauen, um gegen Infektionen, Würmer und Gifte immun zu sein. Neem ist ein großer Reiniger: Seine Bakterien und Gift abtötende Wirkung ist mittlerweile auch wissenschaftlich bestätigt. Neemblätter reinigen Blut und Körpersäfte und sind ein hervorragendes Hauttherapeutikum. Sie schmecken sehr intensiv und bitter.

Geringe Mengen davon reichen aus. Neemöl wirkt äußerlich gegen Fußpilz und kann bei Ohrenschmerzen ins Ohr geträufelt werden. Es sollte immer verdünnt, beispielsweise mit Teebaum- oder Kokosnussöl, aufgetragen werden. Von einer oralen Einnahme von Neemöl sollte man Abstand nehmen, da es Übelkeit und Durchfälle hervorrufen kann.

(Langer) Pfeffer

Pippali, der lange Pfeffer, ist bei uns eher unbekannt. Er ist ein sehr interessantes Gewürz mit breitem Wirkspektrum, besonders im Bereich der Atemwege und der Verdauung. Pippali ist ein Verjüngungsmittel (Rasayana) für die Lungen und sollte bei Asthma regelmäßig konsumiert werden. Er hat eine kühlende Wirkung und verringert Pitta-Dosha. Langer Pfeffer ist Bestandteil der ayurvedischen Heilmischung Trikatu, die bei vielen Erkältungs- und Verdauungsstörungen verabreicht wird.

(Schwarzer) Pfeffer

Der schwarze Pfeffer ist bei uns bestens bekannt. Seine verdauungsfördernde Wirkungsweise ähnelt der des langen Pfeffers, aber schwarzer Pfeffer erhitzt auch etwas und weist einen leicht erhöhenden Effekt auf Pitta-Dosha auf. Er ist ebenfalls Bestandteil des Trikatupulvers. Schwarzer Pfeffer wirkt bei Erkältungen, Verschleimungen und Blockaden der Körperkanäle (Shrotas).

Safran

Safran ist ein kostbares Gewürz, das ursprünglich aus der Türkei stammt und heute in Kaschmir und Spanien angebaut wird. Er sollte nicht in Form von Pulver, sondern von getrockneten Fäden verwendet werden. Safran, der mit Reis verkocht wird, verleiht diesem eine goldgelbe Farbe und einen leicht bitter-scharfen Geschmack. Mit Milch gekocht, ist er ein wunderbares Nerventonikum für die Nacht. Safran beruhigt, lindert Schmerzen und wirkt als Aphrodisiakum wie auch als allgemeines Verjüngungsmittel.

Vorsicht: Überdosiert wirkt Safran betäubend!

Zimt

Auch der Zimt gehört mittlerweile in unsere gute Weihnachtsküche. Er verleiht Gebäck und Lebkuchen ihren wunderbar bitter-süßlichen Geschmack. Zimt kann als Pulver und Zimtrinde verwendet werden. Als Rinde ist er Bestandteil vieler Yogitees und wird auch gern mit Reis verkocht. Das Pulver kann dem Kaffee beigemischt werden, was ihm ein wohlschmeckendes Aroma verleiht. Außerdem gleicht Zimt die negativen Wirkungen von Kaffee etwas aus. Zimt ist leicht erhitzend, stärkt Agni und erhöht Pitta-Dosha. Er wirkt im Winter aber als wohlig erwärmendes Gewürz für jedermann. Zimt wirkt antibakteriell und beugt Hustenerkrankungen vor.

Äußerliche Pflege des Ayurveda

Abhyanga und Dhara – verjüngende Ölbehandlungen

Nichts verjüngt Ihren Körper und macht Ihre Haut wieder so jugendlich und geschmeidig wie regelmäßiges Einölen. Öle entspannen, beruhigen und sind besonders für Vata-Konstitutionen und mit zunehmendem Alter unerlässlich. Sie schützen vor schädlichen Umwelteinflüssen und stärken das Immunsystem. Die Ölbehandlung ist bei Vata-Störungen – die einen Großteil aller Erkrankungen ausmachen – ein unverzichtbarer Bestandteil der ayurvedischen Therapie.

Wie man seit langem weiß, lassen sich Medikamente auch über die Haut in den Körper einbringen. Dies ist eine sehr schonende und einfache Methode, die heutzutage in der Medizin auch angewandt wird.

> Einmassierte Kräuteröle dringen sehr schnell in die Haut ein.

Daneben gibt es verschiedene Arten von Körpergüssen, die auch bei rheumatischen Beschwerden, Gelenkbeschwerden und Neuralgien eingesetzt werden. Am bekanntesten ist wohl der Stirnölguss (Shirodhara), der auch im Wellnessbereich gern als Entspannungsmethode eingesetzt wird.

Shirodhara wird im Ayurveda bei ernsten Krankheiten wie Epilepsien, Neuralgien, Migräne, Psychosen, Hirnverletzungen, Depressionen und Lähmungen eingesetzt, kann aber bei unsachgemäßem Gebrauch auch Schaden anrichten.

> Vorsicht: Ein falsches Öl, eine falsche Anwendung und mangelhaftes Wissen haben auch hier schon öfter zu negativen Auswirkungen geführt.

Die ayurvedische Selbstmassage

Je nach Konstitution können Sie Ihre eigene Ölmassage durchführen. Dazu brauchen Sie nur ein Stövchen, ein geeignetes Töpfchen – zum Beispiel ein Butterpfännchen – und ein paar Minuten Zeit. Wichtig ist, dass Sie das Öl vorher in dem Töpfchen gut erwärmen. Es sollte eine angenehme Temperatur haben, damit es leichter einziehen kann.

Sie können die Massage vor dem Duschen am Morgen oder vor dem Zubettgehen durchführen (überschüssiges Öl lässt sich mit etwas Kichererbsenmehl unter der Dusche abreiben). Allerdings sollten Sie das Öl 15 bis 20 Minuten einwirken lassen, bevor Sie es wieder entfernen.

Beginnen Sie mit dem Kopf. Tragen Sie etwas Öl auf den Scheitel auf und verreiben Sie es mit der flachen Hand. Danach ölen Sie das Gesicht ein, indem Sie das Öl sanft in Richtung Ohren nach außen streichen. Vergessen Sie dabei nicht, auch die Öffnungen von Nase und Ohren mit etwas Öl zu benetzen. Nun massieren Sie das Öl mit kreisartigen Bewegungen in den Bauchbereich ein, und zwar rund um den Nabel im Uhrzeigersinn.

Vergrößern Sie die Kreise mit der Zeit, sodass der gesamte Dickdarm massiert wird. Falls Sie an gewissen Punkten Schmerzen fühlen, bleiben Sie kurz an diesen Stellen und massieren Sie sie vorsichtig mit leichtem Druck. Durch die Bauchmassage können Sie Verhärtungen im Darmbereich lösen und Ihre Verdauung fördern.

Anschließend folgen der Brustbereich und die Arme. Bei den Armen achten Sie darauf, dass Sie immer mit etwas Druck in Richtung Körpermitte massieren. Genauso verfahren Sie mit den Beinen. Tragen Sie das Öl auf und massieren Sie die Beine in Richtung Körperrumpf. Wenn Sie unter Krampfadern leiden, sollten Sie hier sehr vorsichtig und ohne Druck arbeiten.

Vergessen Sie nicht, am Ende auch Ihre Fußsohlen einzuölen. Den Rücken schließlich lassen Sie sich am besten von Ihrem Partner massieren. Falls dies nicht möglich ist, betrachten Sie es als gute Schulterübung und versuchen Sie, das Öl so weit wie möglich aufzutragen. Die Streichrichtung sollte auch hier am besten in Richtung Kopf und Schulter gehen. Zur Auswahl des Öls im Folgenden einige Beispiele.

Vata-Menschen wird eine tägliche Ölmassage empfohlen, Pitta-Menschen zwei bis drei Massagen pro Woche und Kapha-Menschen je nach Bedarf ein bis zwei im Monat.

Verwöhnen Sie sich mit diesen Kräuterölen!

Sesamöl

Sesamöl ist das am häufigsten angewandte Öl im Ayurveda. Es ist das stärkste und aufbauendste Öl und dringt am tiefsten in den Körper ein.

Es ist das Öl für Vata-Dosha, aber es senkt auch Kapha-Dosha. Seine Qualität ist süß und zusammenziehend, seine Wirkung erwärmend, aufbauend und heilend. Es dringt selbst in die allerfeinsten Körperkanäle und löst dadurch Blockaden und Giftstoffe, die sich in den Shrotas festgesetzt haben. Gleichzeitig erhöht es dank seiner wärmenden Eigenschaften die Kraft des Verdauungsfeuers Agni.

Sesamöl ist ideal für Vata-Konstitutionen. Für Kapha-Konstitutionen ist es bedingt geeignet, nicht jedoch so gut für Pitta-Menschen, die Oliven- oder Kokosnussöl bevorzugen sollten.

Kokosnussöl

Kokosnussöl ist das beste Öl für Pitta-Konstitutionen, besonders in der heißen Jahreszeit. Es hat eine schwere und kühlende Wirkung. Daher wird es bei Temperaturen unter 20 Grad fest. Kokosnussöl senkt Pitta-Dosha sehr stark und baut die Körpergewebe (Dhatus) wieder auf. Fühlen Sie sich geschwächt oder haben Sie eine auszehrende Erkrankung hinter sich, ist es optimal für Ihre Regeneration und Stärkung und entspannt zudem die Nerven.

> Kokosnussöl ist besonders für Pitta-Konstitutionen geeignet, mit Mandelöl vermischt auch für Vata/Pitta-Konstitutionen.

Sonnenblumenöl

Sonnenblumenöl ist bitter, wirkt trocknend, leicht erwärmend, ausgleichend und erhöht die Urinmenge. Es strafft das Gewebe und ist sehr unproblematisch in seiner Anwendung, da es keine einseitigen Wirkungen aufweist.

> Sonnenblumenöl eignet sich besonders gut für Kapha-Konstitutionen.

Mandelöl

Mandelöl hilft bei nervösen Anspannungen, Unruhe und Schlaflosigkeit. Es ist süß, leicht erwärmend, aufbauend und beruhigend. Es kann gut mit Kokosnussöl gemischt werden und wirkt besonders im Sommer und bei gestressten Menschen sehr beruhigend und ausgleichend.

> Mandelöl tut besonders Vata-Konstitutionen gut. Gemischt mit Kokosnussöl ist es auch für Pitta-Menschen empfehlenswert.

Olivenöl

Olivenöl wirkt ähnlich wie Sesamöl, also aufbauend, kräftigend, süß und zusammenziehend. Es hat jedoch nicht die gleiche reinigende und tiefe Wirkung wie das Sesamöl. Olivenöl ist dank seiner ausgleichenden Wirkung ein unproblematisches Öl, das zu allen Jahreszeiten angewandt werden kann.

> Da Olivenöl nur leicht erwärmend ist, ist es nicht nur Vata- und Kapha-Konstitutionen zu empfehlen, sondern auch für Pitta-Konstitutionen.

Senföl

Dies ist ein spezielles Öl für Kapha-Konstitutionen, besonders bei Übergewicht. Es ist heiß und leicht. Wegen seiner erhitzenden und reizenden Wirkung sollte man sehr vorsichtig damit umgehen. Es hat eine sehr durchdringende Wirkung, ähnlich dem Sesamöl, ist aber ungleich heißer und verursacht mitunter Blasen auf der Haut; daher sollte es nicht auf offene Wunden aufgetragen werden. Es baut überschüssiges Gewebe ab und löst angesammelte Schlackenstoffe im Körper.

> Es ist besonders für Pitta-Konstitutionen ungeeignet und sollte bei empfindlichen Menschen nicht angewendet werden. Für Kapha-Konstitutionen ist es sehr empfehlenswert.

Vita

Dieter Scherer ist seit 13 Jahren als praktizierender Heilpraktiker in München und Garmisch-Partenkirchen tätig. 1993 Diplom an der renommierten Fachschule für Naturheilweisen Josef Angerer in München. Ausbildungen in klassischer Homöopathie bei Dr. Mohinder Jus, Humoralpathologie bei Joachim Broy und Werner Hemm und in Traditioneller Ayurveda bei Dr. Vilas M. Nanal und anderen ayurvedischen Ärzten in Indien. Leitet seit 1998 in Garmisch-Partenkirchen mit seiner Frau Barbara eine ayurvedische Kurpraxis und vermittelt sein Wissen in zahlreichen Vorträgen und Seminaren.